Rotbuch 3000
Herausgegeben von Martin Hoffmann

Boris Gröndahl
geboren 1967 in Marburg, ist Redakteur der *Financial Times Deutschland*. Nach dem Studium der Mathematik und Physik war er von 1991 bis 1994 Redakteur der Zeitschrift *konkret*, bis 1995 Verlagsleiter der Tageszeitung *junge welt*, seit 1995 freier Journalist. 1996 kuratierte er die Ausstellung »Hacker« im Heinz Nixdorf Museumsforum, Paderborn.

Boris Gröndahl

Hacker

ROTBUCH 3000

Inhalt

Was sind Hacker?
6 Streit um den Begriff
10 Die »Hackerethik«

Ziele des Hackens
12 Technikvergnügen
14 Zugang
16 Respekt
18 Politik
22 Geld

Objekte und Techniken des Hackens
24 Programmieren
26 Cracken I – Netze und Computer
28 Cracken II – Software und Spiele
30 Cracken III – Telefonnetze
32 »Social Engineering« –
Hacken von Organisationen

Die Feinde der Hacker
34 Die Industrie
36 Justiz und Staat

Kurze Geschichte der Hacker I
38 Proto-Hacker –
Telegrafen- und Telefon-Operatoren
40 Die ersten Hacker
44 Phone Phreaks
48 Die Plastikpfeife des Cap'n Crunch
50 Der »Hacker Crackdown«

Kurze Geschichte der Hacker II
- 52 Hardware-Hacker
- 56 Der Homebrew Computer Club
- 60 Gründerzeit

Der Chaos Computer Club
- 64 Der Chaos Computer Club
- 66 Reif für die Tagesschau: Der Btx-Hack
- 68 Aus Spaß wird Ernst: Der NASA-Hack
- 72 Hacken für den KGB
- 76 Der CCC in den 90er Jahren

Hacken im Internet-Zeitalter
- 78 Die Schmuddelkinder: Demos, Warez und Viren
- 80 Linux – der Triumph der Hackerethik

Die Hacker in der Gesellschaft
- 84 Das Phänomen »Hacker«

Anhang
- 92 Danksagung
- 93 Literatur und Internetadressen
- 95 Register

Streit um den Begriff

Hacker stehen in der Öffentlichkeit für die geheimnisumwitterte »dunkle Seite« der Informationstechnik, die selbst schon rätselhaft genug ist. Wer sind diese Hacker eigentlich?

Streit um den Begriff

> »Um mit Marx zu sprechen, Hacker existieren in einer sehr dialektischen Beziehung zu der politischen Ökonomie der Computertechnik. Oder, um verständlich zu bleiben, Hacker ändern sich in dem Maße, in dem sich ihr Umfeld ändert.«
>
> Lee Felsenstein in einer Diskussion auf der Mailbox »The Well«

Es vergeht kaum ein Monat, in dem nicht eine Zeitung, ein Nachrichtenmagazin oder einer der Infotainmentclips auf den kommerziellen TV-Kanälen eine Schauergeschichte über Hacker zu berichten hat. Hier legen sie eine Website lahm, da stehlen sie Kreditkarten-Nummern, und dort verbreiten sie Viren, die E-Mail-Systeme auf der ganzen Welt mit »Liebesbriefen« verstopfen. Hacker erscheinen als eine Bande destruktiver Terroristen. Sie bewegen sich im Cyberspace wie der Fisch in einem von den meisten ohnehin argwöhnisch beäugten Wasser. Die Informationsgesellschaft hat sich dem Computer ausgeliefert, und diese Datenterroristen haben es anscheinend in der Hand, den Stecker zu ziehen.

In diesem Buch wird versucht zu klären, wie real diese Bedrohung ist, wer die Angst vor ihr verbreitet und ob sie tatsächlich von »den Hackern« ausgeht. Die enge Verknüpfung des öffentlichen Bildes des Phänomens »Hacker« mit Sabotageakten ist eine sehr junge Erscheinung. Ihre Medientauglichkeit hat alle anderen Aspekte der Hackerkultur – die historischen wie die aktuellen – verdrängt. Deshalb soll es hier vor allem um die Hacker selbst gehen: ihre Geschichte, ihre Motivationen, ihre Varianten und die Objekte und Techniken ihres Tuns. Wenn dabei die Seiten der Hackerkultur zu kurz kommen, die in den Medien dominieren, dann ist das beabsichtigt.

Dieses Buch ist ein Blick von außen. Der Autor ist kein Hacker und damit weder in der Lage noch berufen, einen In-Zwanzig-Tagen-zum-Hacker-Ratgeber zu verfassen.

Der Computer PDP-1 im Einsatz beim Tech Model Railroad Club

Statt Insidertum oder Sensationsgier soll versucht werden, sich den Hackern gleichermaßen mit Respekt und Distanz zu nähern.

Die Definition im »Jargon File«

Das Problem beginnt damit, dass es »die Hacker an sich« nicht gibt. Weder über die Jahre noch zu irgendeinem bestimmten Zeitpunkt hat es den archetypischen Hacker, das Hackerverhalten oder die Hackerweltanschauung gegeben. Im Gegenteil haben sich auch Hacker untereinander immer wieder den Begriff streitig gemacht.

Der »Jargon File«, auch als »Hacker Dictionary« bekannt und an zahlreichen Stellen im Internet abrufbar, ist die am häufigsten zitierte Quelle für viele Begriffe aus der Hackerwelt. Die Wurzeln des Jargon File liegen im Massachusetts Institute of Technology (MIT), einer Eliteuniversität im US-amerikanischen Boston, in den 50er Jahren die Wiege des Computer-Hackertums. Es wird von freiwilligen Redakteuren permanent auf dem neuesten Stand gehalten; die zitierte Version 4.2.0 stammt vom 31. Januar 2000.

»the street finds its own uses for things«
William Gibson: Neuromancer

Mark Abene (alias Phiber Optik, r.) ein Mitglied der Phreak-Gang »Masters of Deception«

In der Definition für den Schlüsselbegriff »Hacker« findet sich ein gewisser regionaler und historischer Bezug auf die Entwicklung in den USA, doch sie lässt genügend Spielraum für ein weites Verständnis:

»:Hacker: [...] 1. Eine Person, die Spaß daran hat, die Feinheiten programmierbarer Systeme zu erforschen und ihre Möglichkeiten auszureizen, im Gegensatz zu den meisten Anwendern, die es vorziehen, nur das notwendige Minimum zu lernen. 2. Jemand, der begeistert (oder sogar obsessiv) programmiert oder der Spaß daran hat zu programmieren, statt nur darüber zu theoretisieren. [...] 6. Ein Experte oder Begeisterter jeder Art. Man kann beispielsweise ein Astronomie-Hacker sein. 7. Jemand, der die intellektuelle Herausforderung mag, Behinderungen oder Beschränkungen zu überwinden oder zu umgehen. 8. [abwertend] Ein böswilliger Fummler, der versucht, heikle Information zu entdecken, indem er herumschnüffelt. [...] Die korrekte Bezeichnung für diese Bedeutung ist ›Cracker‹.« (The Jargon File 4.2.0)

Programmieren, Sabotieren, Distanzieren

Der Jargon File stellt das Programmieren von Computern in das Zentrum der Definition. Die Fähigkeit zu Programmieren ist eine notwendige Voraussetzung dafür, Hacker zu sein. Gleichwohl ist nicht jeder Programmierer ein Hacker, und es ist nicht allein das Programmieren, das einen Hacker zu einem Hacker werden lässt. Spaß, Begeisterung, Obsession, Kreativität, Ärmelaufkrempeln sind Attribute, die zum Programmieren hinzutreten müssen.

Kriminelle, illegale oder destruktive Tätigkeiten kommen in dieser Definition nicht explizit vor. Sie werden aber auch nicht ausdrücklich ausgeschlossen.

In der Definition erfolgt aber eine Distanzierung von jenen »Crackern«, die in den Medien als Hacker Schlagzeilen machen. Die Ablehnung der Cracker zieht sich durch den gesamten »Jargon File« und wird von vielen Hackern geteilt. Sie gipfelt häufig darin, ihnen den Titel »Hacker« abzusprechen, indem bezweifelt wird, dass solche »jugendlichen Delinquenten« überhaupt programmieren können und irgendwelche anderen als destruktive Ziele verfolgen. Ergänzt wird sie durch abfällige Bemerkungen über den Stil der jüngeren Hackergeneration, der mit starken Anleihen bei anderen Jugendkulturen arbeitet (Skateboardszene, Musikszenen wie Rap, Heavy Metal oder Techno).

Man kann dies als Klage über »die Jugend von heute« sehen, deren Gehabe kindisch und deren Musik »gar keine Musik« sei. Die Heldengeschichten der »alten«, »wahren« Hacker selbst, die sich so über ihre Nachfolger mokieren, sind voll von Berichten über Tricks und Scherze, die ihnen seinerzeit einen ebenso schlechten Ruf eingebracht haben. Statt mit einer eigenen Definition bereits vorab bestimmte Untergruppen auszugrenzen, sollen in diesem Buch verschiedene Kulturen dargestellt werden, die sich selbst als Hacker verstehen, verstanden haben oder verstanden werden.

Abschätzige Urteile

»Obwohl sich Cracker häufig als ›Hacker‹ bezeichnen, sind sie keine. Sie haben typischerweise keine erwähnenswerten Programmierfähigkeiten, kein Internet-Fachwissen und keine Erfahrung mit Unix oder anderen echten Multi-User-Systemen.«

Jargon File 4.2.0

Anstatt sich an den Ausgrenzungsritualen unter Hackern zu beteiligen, versteht dieses Buch ihre unterschiedlichen Erscheinungsformen als Zeichen für Veränderungen im technischen, politischen, juristischen und ökonomischen Umfeld.

Die »Hackerethik«

Das wichtigste Manifest des Hackertums stammt nicht von einem Hacker, sondern von einem Journalisten. Gleichwohl bildet es einen wichtigen Bezugspunkt für das Selbstverständnis der Hackerszene.

Bekehrt durch den Computer

Der Journalist Steven Levy brachte 1984 mit seinem Buch »Hackers« das erste Mal einer breiten Öffentlichkeit diese seltsamen Computerfreaks nahe. Die Hackerszene selbst bestand zu diesem Zeitpunkt schon an die 30 Jahre. Ein Kapitel von Levys Buch entwickelte aber vor allem innerhalb der Hackerszene großen Einfluss: Darin schildert er, wie sich um die ersten Computer der 50er Jahre »etwas Neues verdichtete[...]: eine neue Lebensweise mit einer Philosophie, einer Ethik und einem Traum.«

Aus den vielen Gesprächen, die Levy mit Hackern der ersten und zweiten Stunde geführt hatte, destillierte er Regeln, die er als Grundwerte der Hackerszene ansah und die er als »Hackerethik« bezeichnete:

- »Zugang zu Computern – und zu allem, was einem zeigen kann, wie diese Welt funktioniert – muss unbegrenzt und vollständig sein.
- Alle Informationen müssen frei sein.
- Misstraue Autoritäten – fördere Dezentralisierung.
- Beurteile einen Hacker nach dem, was er tut, und nicht nach üblichen Kriterien wie Aussehen, Alter, Rasse oder gesellschaftlicher Stellung.
- Man kann mit einem Computer Kunst und Schönheit schaffen.
- Computer können das Leben zum Besseren verändern.«

Die Entstehungsgeschichte dieser Regeln ist wichtig bei der weiteren Beschäftigung mit dem Thema: Es handelt sich dabei nicht um Beschlüsse oder Diskussionsergebnisse irgendeiner Gruppe von Hackern, sondern um die nachträgliche Interpretation ihres Verhaltens durch einen Beobachter. Dass die Interpretation zutrifft, insoweit es um die weißen angelsächsischen Jungs geht, die in den 50er Jahren am MIT Hacker wurden, soll dabei gar nicht bestritten werden. Doch die Hackerethik ist nicht die Eintrittskarte zum Hacker-Sein, und noch weniger ist sie die Motivation, die jemanden zum Hacker werden lässt.

Steven Levy: Hackers, New York 1984

Levys Buch ist vor allem wegen seiner Beschreibung der frühen Hacker am MIT der 50er und 60er Jahre berühmt. Seine Formulierung der »Hackerethik« beeinflusst die Diskussion bis heute.

Bemerkenswert an der Hackerethik ist weiterhin, dass »Kriterien wie Aussehen, Alter, Rasse oder gesellschaftliche Stellung« für Hacker verworfen werden, dass in dieser Auflistung unzulässiger Bewertungsmaßstäbe jedoch das Geschlecht fehlt. Das ist keineswegs ein Zufall. Während in der Geschichte der Computer und des Programmierens Frauen wie Ada Lovelace und Grace Hopper durchaus ihre Spur hinterlassen haben, fehlen sie unter den Helden der Hackerszene praktisch komplett.

Levys Hackerethik ist in den 16 Jahren seit ihrem Erscheinen diskutiert und modifiziert worden. Der deutsche Hackerverein Chaos Computer Club erklärte in den 80er Jahren auch das Geschlecht zum nicht zulässigen Bewertungsmerkmal für Hacker und fügte den Regeln noch zwei hinzu:
– Mülle nicht in den Daten anderer Leute.
– Öffentliche Daten nützen, private Daten schützen.

Auch wenn die universelle Gültigkeit von Levys Hackerethik in Zweifel gezogen werden kann, bleibt sie doch ein wichtiger Bezugspunkt für Diskussionen von Hackern über ihr Selbstverständnis und ihr Wertesystem.

Technikvergnügen

Hacken kann darauf zielen, sich Zugang zu Wissen oder Ressourcen zu verschaffen, kann den Hackern Anerkennung bringen oder politische Ziele haben. Doch die ursprüngliche Motivation ist eher: Spaß an der Technik.

Einstiegsdrogen

So unterschiedlich Hackerkarrieren verlaufen, an ihrem Anfang steht fast immer die Begeisterung für die Technik als solcher. Eine Begeisterung, die zu einem gewissen Grad sich selbst genügt, ähnlich wie es auch teilweise Selbstzweck ist, sich Verstärker oder Boxen im Hobbykeller zusammenzulöten.

Tatsächlich ist das Basteln mit Elektronikteilen eine Zeit lang die typische Einstiegsdroge von Hackerkarrieren gewesen. Ausgefeilte elektronische Schaltkreise stehen an der Wiege der Hackerkultur: Der Begriff Hacker entstand im studentischen Modelleisenbahnklub am Massachusetts Institute of Technology, von dem später noch die Rede sein wird.

Am Rand der Lebenswege der heute über 30-jährigen Hacker liegt fast immer ein selbst gebauter Verstärker herum. Erst seit der Verfügbarkeit der preiswerten Commodore-Homecomputer VC20 und C64 Mitte der 80er Jahre wurde der Computer zum Ausgangspunkt der Begeisterung für die Technik.

Beschäftigung

Natürlich wollen Hacker mit ihren Computern etwas Sinnvolles anfangen und mit ihren Programmen Probleme lösen. Das unterscheidet sie weder von gewöhnlichen Computernutzern noch von anderen Programmierern. Was sie hervorhebt, ist das Vergnügen, das sie am Umgang mit Computern haben, auch ohne dabei irgendetwas Sinn-

Das Buch aus dem Verlag Werner Pipers Medienexperimente war Mitte der 80er Jahre Grundlagenliteratur für die deutsche Hackerszene.

volles zu tun, ist der Spaß, den ihnen die Übersetzung eines Problems in ein Programm bereitet – auch wenn das Problem vielleicht in Wirklichkeit gar keines ist. Diese Selbstbezüglichkeit des Hackens zeigt sich auch daran, dass der Großteil der Programme, die von Hackern geschrieben werden, wiederum Werkzeuge sind, die das Hacken erleichtern.

In einer berühmten Formulierung von Wau Holland, einem der Gründer des Chaos Computer Clubs, die darauf verweist, dass man nicht nur mit Computern hacken kann, heißt es: »Hacker ist jemand, der versucht, einen Weg zu finden, wie man mit einer Kaffeemaschine Toast zubereiten kann.«

Ästhetik und Coolness

Zum Vergnügen an der Technik gehört ein eigenes Schönheitsempfinden, das für Außenstehende oft nicht nachvollziehbar ist. Zur Hacker-Ästhetik gehören beispielsweise Stilfragen beim Programmieren, die die Funktionsfähigkeit und Effizienz einer Software gar nicht oder sogar negativ berühren: In den frühen Jahren des Hackens etwa der Wettlauf um möglichst kurze Programme, der oft auf Kosten der Verständlichkeit des Codes ging.

Zur Hacker-Ästhetik gehören der eigene Sprachjargon, der informierte Einsatz des Internet, die richtigen Pseudonyme (»handles«) und eine Reihe weiterer Signale. Seit mit dem Science-Fiction-Genre »Cyberpunk« einige Elemente der Hackerästhetik in die Popkultur eingegangen sind, gehört es auch zum Spaß am Hackersein, dass man von außen nicht mehr nur als wunderlich, sondern von manchen auch als cool wahrgenommen wird.

> »Die Welt ist voll von faszinierenden Problemen, die alle nur darauf warten, gelöst zu werden.
> Ein Hacker zu sein, bedeutet jede Menge Spaß, aber es ist eine Art von Spaß, die viel Anstrengung erfordert. Sich anzustrengen, setzt Motivation voraus. Erfolgreiche Athleten bekommen ihre Motivation aus einer Art körperlichen Hochgefühls, wenn sie ihre Körper trainieren oder wenn sie sich bis über ihre Leistungsgrenzen hinaus verausgaben. So ähnlich geht es dem Hacker, er muss eine grundlegende Erregung verspüren, wann immer er ein Problem lösen, seine Fähigkeiten erweitern oder seinen Geist trainieren konnte.«
>
> Jargon File 4.2.0

Der Spaß am Hacken ist immer auch selbstbezüglich. Es geht nicht nur um das, was man mit dem Computer macht, sondern es geht zunächst darum, etwas auszuprobieren und zu entwickeln. Seit dem Cyberpunk haben Popkultur und Hacker begonnen, sich auszutauschen.

Zugang

Die Gründe, die jemanden dazu bringen zu hacken, sind vielfältig. Doch eine Reihe von Motiven kehrt immer wieder. Ein typischer Hackerwunsch ist es, sich Zugang zu verschaffen.

Wissen, Ressourcen, Potential

Ein besonders beliebtes Hobby unter Hackern, das ebenfalls bis ans MIT zurückzuverfolgen ist, ist das Öffnen von Schlössern. Eine Gruppe von CCClern hat inzwischen den Verein »Sportsfreunde der Schließtechnik« gegründet und richtet auf den CCC-Kongressen Wettbewerbe aus.

Der Hacker will Zugang zu Wissen, das ihm aus welchen Gründen auch immer vorenthalten wird. Zugang zu Ressourcen, die der Hacker braucht und mit denen er seiner Meinung nach Sinnvolleres oder Lustigeres anfangen kann als ihre eigentlichen Inhaber. Zugang zu Geräten, Computern, Netzen und Programmen und Zugang zu allem, was sie ermöglichen.

In den 50er und 60er Jahren füllten Computer noch ganze Etagen, die von weißbekittelten Spezialisten bewacht wurden. Die frühen Hacker waren gezwungen, physischen Zugang zu den klimatisierten Räumen zu erlangen, in denen die Rechenmaschinen standen. Sie mussten sich der »Priesterschaft« der Computerexperten als Helfer andienen und konnten erst dann beginnen, mit ihnen herumzuexperimentieren. Seit den 80er Jahren geht es meistens um einen virtuellen Zugang: zu Software, vernetzten Computern, dem Telefonsystem.

Zugang zu Software oder Computerspielen kann sich verschaffen, wer sich zuvor das Wissen verschafft hat, wie man den Kopierschutz umgeht. Nicht unbedingt nur, weil man sie tatsächlich gratis verwenden oder anderen weitergeben will, sondern auch, um sie auszuprobieren, oder nur aus Spaß, als Denksportaufgabe. Zugang zum Telefonnetz kann sich verschaffen,

Karikatur der People's Computer Company

14 Ziele des Hackens

wer sich zuvor Wissen über seine Funktionsweise angeeignet hat. Vielleicht mit dem Ziel, gratis zu telefonieren oder Telefonkonferenzen in einer Größe zusammenzuschalten, die dem gewöhnlichen Telefonkunden nicht zur Verfügung gestellt wird.

Erschleichung von Leistungsmerkmalen

Der Wunsch, sich Zugang zu verschaffen, bedeutet nicht in erster Linie, sich nur Leistungen erschleichen zu wollen. Der Chaos Computer Club (CCC) hat in den 8oer Jahren einen handelsüblichen Wählscheiben-Fernsprecher der Bundespost mit der Tastatur eines Hongkonger Telefons versehen. Das war eine streng verbotene Manipulation, aber was sich der CCC damit »erschleichen« wollte, war lediglich die heute selbstverständliche Funktion der Wahlwiederholung, die Wählscheibentelefone nicht besaßen.

Das berühmte »Datenklo« des CCC zu verwenden, war ebenfalls verboten: Das Gerät war ein einfaches Modem, die erschlichene Leistung war die Datenübertragung, die die Bundespost damals nicht ohne weiteres zulassen wollte – aus Gründen, die den Hackern nicht einleuchteten.

In einer bekannten Definition des Hackers Robert Bickford wird dieser Wunsch nach Zugang wie folgt umschrieben: »Hacker ist jemand, der Freude daran hat, Beschränkungen zu umgehen.« Bickford selbst ist zwar ein vehementer Verfechter eines restriktiven Hackerbegriffs und spricht jedem das Recht ab, sich Hacker zu nennen, wenn er gegen Gesetze verstößt. Doch seine Definition ist neutral genug, um legale wie illegale, »konstruktive« und »destruktive« Hacker gleichermaßen einzuschließen.

:warez d00dz: /weirz doodz/

»Eine bedeutende Subkultur der Cracker nennt sich selbst warez d00dz [...]. Warez d00dz verschaffen sich illegale Kopien urheberrechtlich geschützter Software. Wenn sie kopiergeschützt ist, dann brechen sie diesen Schutz, um die Software zu kopieren.«
Jargon File 4.2.0

Die Motive, sich Zugang zu verschaffen, sind ebenso weit gefächert wie das Maß der Illegalität, das in Kauf genommen wird. Doch dass man beim Hacken an etwas heranzukommen versucht, an das man nicht herankommen sollte, das vereint den bravsten MIT-Hacker mit dem bösesten warez d00d.

Respekt

Das Klischee lautet: Hacker sind hochintelligente, aber sozial unfähige spätpubertäre Männer, die ihre besonderen Fähigkeiten am Computer dazu benutzen, sich Anerkennung zu verschaffen, die sie auf anderem Wege nicht bekommen.

Hacken, eine soziale Tätigkeit

Unmodische Kleidung, schmutzige Brille, Pickel, fettige Haare und ähnliche Attribute des gemeinen Strebers illustrieren dieses Klischee ebenso wie Asexualität und die charakteristische Kombination aus Schüchternheit im Alltagsleben und Größenwahn am Rechner.

Cover der Zeitschrift »2600«

Dieses Klischee trifft nur auf einen Bruchteil der Hacker zu, aber es fällt auch nicht einfach vom Himmel. Denn das Klischee spricht einen wesentlichen Inhalt des Hackens an: Hacken ist eine soziale Tätigkeit. Hacker bilden eine Elite, für die man sich qualifizieren und innerhalb derer man sich beweisen muss. Einsame, nur für sich selbst werkelnde Hacker sind ebenso rar wie Schriftsteller, die nicht publizieren. Beim Hacken geht es immer auch darum, Anerkennung und Respekt von anderen zu erhalten – Hackern wie Nichthackern.

Der wichtigste Aspekt ist dabei die Anerkennung durch andere Hacker. Die sprachliche und soziale Praxis der Hacker-Subkultur ist darauf ausgerichtet, sich nach außen abzugrenzen: Zahllose Begriffe existieren für Möchtegernhacker, die Kommunikation in Newsgroups (elektronischen Diskussionszirkeln), auf Treffen und Kongressen ist durchsetzt von Spezialbegriffen und gehorcht einem umfassenden Regelwerk, das zwar nicht geheim ist, aber sich doch nur erschließt, wenn man sich ernsthaft damit beschäftigt.

Abgrenzung und Elitedenken

Diese Abgrenzungspraktiken unterscheiden sich kaum von denen anderer Subkulturen, die stets mit einer gewissen elitären Haltung spielen. Unter Hackern ist der Leistungsaspekt allerdings auch intern von Bedeutung. Hacker werden oft als antiautoritär beschrieben, doch das gilt nur insofern, als sie viele gesellschaftliche Autoritäten nicht anerkennen, die faktisch die Macht über die Computertechnologie haben. Die Interaktion unter Hackern kann besser als Meritokratie beschrieben werden, in der derjenige am meisten Ansehen genießt, der in irgendeinem Sinne am meisten geleistet hat. Besonders die Szene der programmierenden Hacker, die sich rund um das offene Betriebssystem Linux gebildet hat, ist auf dieses Prinzip ausgesprochen stolz.

Es wirkt im Übrigen oft so, als würden Hacker Autoritäten nicht nur verachten und fürchten, sondern zugleich insgeheim danach streben, von ihnen endlich ernst genommen zu werden. Für die deutschen Hacker war die früher für das Telefon zuständige Bundespost (verspottet als »der Gilb«) und später die Telekom die Nemesis No. 1. Doch als vor wenigen Jahren im Netzsicherheitszentrum der Deutschen Telekom eine Anlaufstelle eigens für Hacker eingerichtet wurde, und als der zuständige Referent dann auch noch auf dem Kongress des CCC auftrat – da war der Hackerverein sichtlich stolz.

»Obwohl das stereotype Bild eines Hackers ihn als jemanden beschreibt, der sozial unfähig ist und Menschen zugunsten von Computern meidet, sind Hacker meistens gerade wegen der sozialen Aspekte dabei. Sie lieben es, mit anderen auf Mailboxen, über E-Mail und über persönlichen Kontakt zu kommunizieren. Sie teilen Geschichten, Klatsch, Meinungen und Informationen; sie arbeiten gemeinsam an Projekten; geben ihr Wissen an jüngere Hacker weiter; treffen sich zu Konferenzen und um zusammen zu sein.«

Dorothy Denning, »Hacker Ethics« in NCCV (1992)

Hacker verwenden typische subkulturelle Praktiken, um sich abzugrenzen. Innerhalb der Hackerszene herrscht eine Mischung aus Kooperation und Leistungsdenken. Richtig ernst genommen werden nur die Besten.

Politik

Dass jemand aus politischen Gründen zum Hacker wird, ist eher die Ausnahme. Dennoch sind Hacker nie unpolitisch gewesen. Ihr Zugang zur Politik ist je nach nationalem, kulturellem und historischem Kontext höchst unterschiedlich.

Rebellische Attitüde

1987 entsteht im Umfeld der Münchener Jungsozialisten die Mailbox »Links«, die sich in den folgenden Jahren zu einem bundesweiten Netz entwickelt. Nach einer Klage der Zeitschrift des Sozialistischen Büros *links* muss sich das System in »Linksysteme« umbenennen.

Die politischen Aktivitäten von Hackern sind seit jeher Anlass für Missverständnisse gewesen. Sowohl die Zuschreibungen von außen als auch das Selbstverständnis von Hackern sind vielschichtig. Hacken selbst ist noch kein politisch festgelegter Akt, und Politik ist selten die Motivation, die jemanden zum Hacken bringt. Doch seit in den 80er Jahren politische Debatten über die Informationsgesellschaft aufkamen, die dann auch teilweise Konsequenzen für die Hacker hatten, sind Hacker auch stärker politisch in Erscheinung getreten.

Auf der Suche nach charakteristischen politischen Gemeinsamkeiten von Hackern trifft man immer wieder auf eine Art Vulgär-Anarchismus: kein Anarchismus im Sinne seiner politischen Tradition, sondern im Sinne einer individualistischen rebellischen Attitüde, die Autoritäten in Form von Staat, Konzernen oder Universitäten misstraut, Gesetze und Regeln tendenziell missachtet und lieber handelt als darüber diskutiert.

Diese Haltung kann je nach Kontext unterschiedliche politische Ausformungen haben. In den USA, wo es eine starke antistaatliche Tradition auf Seiten der politischen Rechten gibt, die von den Republikanern bis zu christlichen Sekten mit eigenen Gesetzen und rechtsradikalen Bürgerwehren reicht, vertreten viele Hacker marktradikale libertäre Positionen. In den Niederlanden bestehen dagegen starke Verbindungen der Hacker zu Autonomen und Hausbesetzern; hier ist die politische Konnotation, wie auch in Deutschland, eher links.

Flugblatt von »The Youth International Party Line«, 1971

Es gibt überdies eine Reihe von im engeren Sinne politischen Bewegungen, die sich das Wissen und die Techniken von Hackern in ihrer Arbeit zunutze gemacht haben. Die spektakulärsten Polithacker waren vielleicht die Yippies, eine spontanistische Bewegung, die in den USA in den 60er Jahren einiges Aufsehen erregte und die massiv auf das Phone Phreaking zurückgriff, das kostenlose Telefonieren mit Hilfe von selbst gebastelten Signalgebern.

Politische Interessenvertretung

Die politischen Ziele und Interessen von Hackern haben eindeutig Schlagseite: Ihr wichtigstes Thema sind die bürgerlichen Freiheitsrechte. In den USA und in Deutschland gehörte zu den ersten politischen Projekten, mit denen Organisationen und Magazine der Hacker auftraten, vor allem der Kampf gegen ihre eigene Kriminalisierung durch den Staat.

Die Zeitschrift »2600«, das Gravitationszentrum der US-Hackerszene, und auch der CCC nehmen in dieser Hinsicht bis heute auch die Rolle einer Lobbyorganisation für die eigene Klientel ein. Doch da die Praktiken der Strafverfolgung und ihre gesetzlichen Grundlagen selbst erst in dieser Situation entstanden sind, gerieten sie damit zwangsläufig in eine gesamtgesellschaftliche Debatte über die Informationsgesellschaft.

Datenschutz

Von allgemeinem Interesse ist zum Beispiel ein politisches Lieblingsthema von Hackern – der Datenschutz und die bürgerliche Privatsphäre. Das scheint auf den ersten Blick paradox: Hacker, die doch alles daran geben, an Daten heranzukommen, die ihnen vorenthalten werden, engagieren sich ausgerechnet dafür, Daten vor unbefugtem Zugriff zu schützen. Doch in einer Formel des CCC löst sich dieser Widerspruch auf: »Öffentliche Daten nützen, private Daten schützen!« So wenig Respekt Hacker vor der Geheimhaltung von Informationen durch staatliche und institutionelle Stellen haben, so wichtig ist ihnen die eigene Privatsphäre, die bis an die Grenze zur Paranoia verteidigt wird.

Beim Eintreten für den Datenschutz ist auch typisch, dass man sich nicht allein auf die gesetzliche Durchsetzung verlässt. Der generell für Hacker typische Glaube, dass die Antwort auf gesellschaftliche Probleme in der Technik zu finden ist, hat dazu geführt, dass einige Hacker ihre ganze Kraft in die Entwicklung und den Betrieb von Systemen stecken, die Anonymität und Vertraulichkeit ermöglichen. Dazu gehören Programme und Geräte zur Datenverschlüsselung ebenso wie der Betrieb so genannter Anonymer Remailer: spezieller Server, mit denen eine E-Mail versendet werden kann, ohne dass eine Spur zum Absender zurückverfolgt werden kann.

Flugblatt TYPL von 1971

Zensur

Mit der zunehmenden Verbreitung des Internet stießen die Strafverfolgungsbehörden plötzlich auf Kinderpornographie, nationalsozialistische Propaganda und Werbung für verbotene linksradikale Zeitschriften. Sie reagierten erneut mit Kriminalisierung, von der wiederum auch Hacker betroffen waren.

In charakteristischer Manier reagieren Hacker auf derartige Eingriffe des Staates mit einer Mischung aus Größenwahn und Paranoia. Auf der einen Seite weisen sie – häufig überzeugend – nach, wie sich Gesetzgeber und Exekutive an technischen Gegebenheiten die Zähne ausbeißen, wie man mit hinreichender Kenntnis gesetzliche Regelungen elegant umgehen kann. Doch statt sich angesichts dessen beruhigt zurückzulehnen, glauben sie im selben Atemzug an einen allmächtigen Staat, der kein anderes Ziel zu kennen scheint, als ihre Freiheit zu beschränken.

Hacker und das Soziale

Hacker tendieren dazu, den Staat – und tendenziell die ganze Gesellschaft – als einen Komplex zu sehen, dem sie meilenweit überlegen sind, der aber ungerechtfertigterweise große Macht über sie hat. Es ist deshalb kein Zufall, dass im Mittelpunkt der politischen Ziele von Hackern steht, wie man sich vor der Macht des Staates und der Industrie schützt. Projekte, die breiteren Bevölkerungsschichten das Potential von Computern weitergeben wollen, hat es dagegen auf Initiative von Hackern nur vereinzelt gegeben, etwa im San Francisco der 70er Jahre und in der Amsterdamer Hackerszene. Die Fixierung der Hacker auf den Staat verweist auf einen grundsätzlichen blinden Fleck in der politischen Weltsicht der Hacker. Und das seit den 80er Jahren entstehende digitale Proletariat, also die Hunderttausende Computerarbeiter in ungesicherten Arbeitsverhältnissen, hat sich eher abseits der engeren Hackerkreise organisiert.

»Ein loses Bündnis von Autoren, Hackern, Kapitalisten und Künstlern [hat] die Definition einer heterogenen Orthodoxie für das kommende Informationszeitalter geschaffen: die kalifornische Ideologie. [...] [Sie verbindet] klammheimlich den freischwebenden Geist der Hippies mit dem unternehmerischen Antrieb der Yuppies.«

Richard Barbrook/Andy Cameron: Die kalifornische Ideologie. In: Netzkritik. Materialien zur Internet-Debatte, Berlin 1997

Gemeinsamer Nenner für die politischen Ziele der meisten Hacker ist eine Art Vulgär-Anarchismus. Ihre wichtigsten politischen Themen sind bürgerliche Freiheitsrechte wie Datenschutz und freie Meinungsäußerung.

Geld

Hacker haben kein moralisches Problem damit, reich zu werden. Im Gegenteil: Speziell in den Gründerzeiten der PC- und der Internet-Industrie sind zahlreiche Hacker zu Millionären geworden.

Postmaterialistische Kleinbürger

Nicht nur die politischen Ziele der Hacker, auch ihre materiellen sind geprägt von ihrer typischerweise bürgerlichen Herkunft. Hacker mögen teilweise die Fähigkeiten besitzen, sich durch illegale Aktionen zu bereichern, und sie nutzen auch gelegentlich fremde Ressourcen, ohne dafür zu zahlen. Doch Bereicherung ist nicht der eigentliche Antrieb dafür zu hacken, und die meisten Hacker haben es auch nicht nötig, von der illegalen Anwendung ihres Wissens zu leben.

Hacker profitieren zwar materiell von ihren Fähigkeiten, aber sie tun dies – jedenfalls in der klassischen Hackerkarriere in den westlichen Industrienationen – typischerweise dadurch, dass sie das Hacken zu ihrem legalen Beruf machen. Das große Wachstum der Computer- und Softwarebranche hat eine Unternehmenskultur geschaffen, in der für unorthodoxe Programmierer und Computerspezialisten immer Platz ist.

Firmengründer

Das legendäre Beispiel für zwei Hacker, die als Firmengründer Milliardäre wurden, sind die Gründer von Apple Computer, Steve Jobs und Steven Wozniak. Mit Anfang Zwanzig verdienten sie sich noch etwas mit dem Verkauf von Blueboxes hinzu, jenen selbst gebauten Signalgebern, mit denen umsonst telefoniert werden konnte. Sie waren regelmäßige Teilnehmer an den Treffen des Homebrew Computer Clubs im Silicon Valley. 1977 bauten und verkauften sie einen der ersten Personalcomputer überhaupt und schrieben damit Industriege-

---

In Russland ist Hacken keine Freizeitbeschäftigung. Viele Computerfachleute müssen ihr Geld mit Softwarepiraterie verdienen. »Im Gegensatz zu vielen Hackern im Westen treibt die russischen Hacker nicht eine subversive Neugier an oder das Vergnügen, Konzerne und Regierungen vorzuführen, sondern schlicht der leere Geldbeutel. Zwar sabotieren auch russische Hacker aus Spaß oder politischen Gründen Computersysteme. Die Mehrheit aber arbeitet als Softwarepiraten auf dem ausufernden Schwarzmarkt in Russland. Während in den Vereinigten Staaten und anderen westlichen Ländern Computerfachleute leicht gut bezahlte Jobs finden, gibt es solche Möglichkeiten in Russland nicht.«
MOSKAU, 11. April (AP)

schichte. Ihre Firma Apple wurde in einer Blitzkarriere zu einem der wichtigsten Computerhersteller weltweit.

So spektakulär verlief der Aufstieg bei den wenigsten, aber in kleinerem Maßstab gibt es solche Hackerkarrieren zuhauf – ebenso wie die Karrieren, bei denen die Firmengründung zum Bankrott führte.

Zusammen mit den PCs entstanden in den 70er Jahren zahlreiche Messen, die dem Austausch und der Produktvorstellung dienten.

Kriminelle Karrieren

Auf der anderen Seite existieren natürlich auch Hacker, die ihr Geld mit der illegalen Anwendung ihrer Fähigkeiten verdienen. Viele Fälle verlaufen nach einem Muster, das die Arbeitsteilung im legalen Sektor imitiert: Hacker werden als »Dienstleister« eingesetzt. Sie entwickeln die technische Lösung, die dann von anderen »vermarktet« wird. Ein prominenter Fall war die bezahlte Spionage für den KGB, die eine Reihe deutscher Hacker Ende der 8oer Jahre in Schwierigkeiten brachte. Ein anderer profitabler Bereich ist der Telefonbetrug im großen Stil – früher mit Blue Boxes, heute mit sich selbst wieder aufladenden Telefonkarten – oder der Handel mit geknackten Chipkarten für das Bezahlfernsehen.

Seit in den letzten Jahren die Computernutzung in den so genannten Schwellenländern zunimmt, ist dort der Handel mit Raubkopien von Software, deren legale Versionen dort unbezahlbar sind, zu einer eigenen Schattenwirtschaft geworden. Für Hacker in China, Russland oder Lateinamerika spielt dieser Handel dann tatsächlich eine Rolle beim Lebensunterhalt.

Die illegale Bereicherung ist unter Hackern in den westlichen Industrienationen die große Ausnahme. In einigen Sektoren und in so genannten Schwellenländern ist sie allerdings ein tatsächlicher Faktor.

Programmieren

Was hacken Hacker? Und wie hacken sie? Ein unverzichtbarer Aspekt des Hackens ist das Selbermachen. Und das bedeutet immer noch in erster Linie: Programmieren.

Selber machen

Von Hackern verachtet:

IBM-Großrechner
IBM-PCs
Microsoft Dos
Microsoft Windows
Jedes andere Microsoft-Produkt
Programmiersprache Fortran
Programmiersprache Cobol

Am Anfang war es eine schiere Notwendigkeit: Als die Studenten am Massachusetts Institute of Technology sich der ersten Computer bemächtigten, an die sie herangelassen wurden, gab es praktisch keine Software. Oder jedenfalls keine, mit der sie zufrieden gewesen wären.

Als sie die ersten »Minicomputer« wie die TX-0 oder PDP-1 erforschten, fingen sie damit an, die eingebaute System- und Entwicklungssoftware neu zu schreiben. Der mit diesen Programmen ausgestattete TX-0 ermöglichte überhaupt erst das direkte Programmieren »am lebenden Objekt« und stand damit auch an der Wiege der Hacker-Lebensart mit ihren Coca-Cola-getriebenen nächtlichen Sitzungen am Computer.

Stilfragen

Von Hackern geschätzt:

DEC PDP Minicomputer
DEC Vax/VMS
Betriebssystem CP/M
Betriebssystem Linux
Betriebssystem Solaris
Computer Atari, Amiga
Texteditoren vi, emacs
Programmiersprache Perl
Programmiersprache C++

Über alle Generationen von Hackern hinweg sind Stilfragen beim Programmieren von entscheidender Bedeutung gewesen. Für die frühen Hacker bedeutete es guten Stil, den Code zu »maximieren«, also ein gegebenes Problem mit möglichst wenig Instruktionen zu lösen.

Je vielgestaltiger die Computerwelt wurde, desto größer wurden auch die Distinktionsgewinne, die Hacker durch die Entscheidung für eine bestimmte Technik erreichen konnten. Welchen Computer man benutzt, in welcher Programmiersprache man programmiert, welches Betriebssystem und welche Texteditoren man verwendet – das sind Entscheidungen, die ernsthaft diskutiert werden und die so mit Bedeutung aufgeladen sind wie in anderen Kreisen die Entscheidung zwischen den

Modemarken Gucci und Prada oder zwischen Mercedes und BMW.

Unter Hackern umstritten:

Einige Unix-Betriebssysteme
Betriebssystem/Computer Apple Macintosh
Programmiersprache Basic

Kooperation

Software anderen frei zur Verfügung zu stellen und selbst von anderen erstellte Software seinen Bedürfnissen entsprechend umzuprogrammieren, war lange Zeit – und nicht nur unter Hackern – eine solche Selbstverständlichkeit, dass niemandem eingefallen wäre, überhaupt darüber zu reden.

Auf die Idee zu kommen, dass Software ein Produkt sei, das bezahlt werden muss, nicht kopiert werden darf und so abgeschirmt ist, dass es nicht verändert werden kann, ist vielleicht die nachhaltigste Leistung eines Mannes namens Bill Gates, dem Gründer der Firma Microsoft. Sein »Open Letter to Computer Hobbyists«, in dem er sich 1975 darüber beschwerte, dass viele seine Programme benutzten, ohne dafür zu bezahlen, markiert den Beginn der hasserfüllten Beziehung von Hackern zu Microsoft.

Freie und offene Software

In seinem 1984 erschienenen Buch »Hackers« bezeichnet Steven Levy den Programmierer Richard Stallman, den Wortführer der Bewegung für freie Software, als »letzten wahren Hacker«. Aus heutiger Sicht wirkt dieser nostalgische Nachruf verfrüht: Rund um das offene Betriebssystem Linux hat sich seit 1995 eine lebhafte Szene von Programmierern entwickelt, die dem alten Hackerideal der freien und offenen Software wieder zu ungeahnter Popularität verholfen hat.

Offener Brief von Bill Gates an den Homebrew Computer Club, 1976

Programmieren ist für Hacker mehr als nur das Lösen eines Problems durch Software. Der Programmierstil, die verwendete Technik und die Kooperation machen das Programmieren zu einer Frage der Weltanschauung.

Objekte und Techniken des Hackens

Cracken I – Netze und Computer

Das Eindringen in fremde Computer wurde in den 80er Jahren fast zum Synonym für das Hacken. Sehr zum Unwillen der Hackerszene, die sich kriminalisiert und von sensationsgeilen Medien missbraucht fühlte.

Datenreisende

»Wenn ich Dein Pferd stehle, kannst Du es nicht reiten. Deine Software und Deine Daten kann ich stehlen und dabei Deine Kopie völlig unverändert in Deinem Besitz lassen.«

John Perry Barlow. Zit. in: Paul Taylor: Hackers, London 1999

Der Begriff »Hacken« war bereits über 20 Jahre alt, als Anfang der 80er Jahre mit den weltumspannenden Computernetzen eine neue Herausforderung für die Hacker heranwuchs. Der Zugang zu dieser neuen, aufregenden Arena war jedoch in den 80er Jahren beschränkt – nur einige Großunternehmen waren etwa in Deutschland an das Datex-P-Netz der Bundespost angeschlossen, in das man sich über Telefonleitungen einwählen konnte. Das allgemein zugängliche Btx-System (das es in ähnlicher Form auch in anderen europäischen Ländern gab) empfanden die Hacker dagegen als überteuerte und in der Leistungsfähigkeit eingeschränkte Zumutung.

Die Hacker konnten ihre Aktivitäten als eine Art Mundraub sehen. Solange sie nicht anfingen, die fremden Daten zu kopieren oder gar zu verändern, war das Springen von Computer zu Computer schließlich nichts anderes, als was heute jeder Internet-Nutzer auch macht – Surfen. Im Netz der Großrechner bildeten sich zahlreiche kleine

Hackerinseln, die teilweise von den Systemadministratoren unbemerkt blieben, von denen teilweise aber auch kleine Guerillakriege geführt wurden. Als »Hacker-Fahrschule« galt etwa Mitte der 8oer Jahre das europäische Kernphysik-Labor CERN in Genf, auf deren Rechnern sich unzählige Hacker tummelten, bis der Systemadministrator öffentlich um Hilfe rief.

Techniken des Crackens

Der ganze Sinn von Computernetzwerken besteht darin, Rechner mehreren voneinander räumlich entfernten Nutzern zugänglich zu machen. Um die Kontrolle über die Netze zu behalten, werden gewissermaßen Eingangstüren festgelegt, an denen sich die Nutzer durch eine Kennung und ein Passwort legitimieren müssen. Mit dieser Kennung verbunden sind dann bestimmte Rechte – jemand darf eine bestimmte Datei nur lesen, ein anderer darf sie auch verändern, ein Dritter darf anderen Nutzern solche Rechte erteilen oder entziehen.

Wer in das System eindringen will, kann entweder versuchen, Hintertüren zu finden, an denen keine Kennung verlangt wird, oder er kann sich eine solche Kennung verschaffen und sich als jemand anderer ausgeben. Auf diesen beiden Prinzipien beruhen letztlich alle Einbrüche in Computernetze. Sie setzen stets technisches Wissen über die anvisierten Ziele voraus, vertrauen aber auch auf typische soziale Verhaltensweisen der legitimen Nutzer.

Ein beliebter Weg, an Passwörter zu kommen, war es in den 8oer Jahren, sich bei Computermessen Datex-P vorführen zu lassen und dem Vorführer bei der Eingabe der Kennung über die Schulter zu schauen. Raffinierter sind Techniken wie die so genannten Trojanischen Pferde, kleine Programme, die auf Rechner eingeschleust werden und Passwörter hinterrücks abfangen.

Trojanische Pferde

»Ein Trojanisches Pferd ist ein Programm mit einer verdeckten, nicht dokumentierten Funktion oder Wirkung. [...] Ein geändertes Login-Programm kann ein Trojanisches Pferd enthalten, das Namen und Passwort des Benutzers über das Netz an den Angreifer übermittelt und dann an das eigentliche Login-Programm weitergibt.«

IT-Grundschutzhandbuch des Bundesamts für Sicherheit in der Informationstechnik

In den Frühzeiten der Datenkommunikation konnte das Eindringen in Netze als eine Art Mundraub gelten. Auch heute noch bestehen die Techniken im Nutzen von Hintertüren und vorgetäuschten Identitäten.

Cracken II – Software und Spiele

Softwarepiraterie wird von vielen Hackern abgelehnt. Doch sie ist tief in der Geschichte der Hacker verwurzelt. Oft geht es dabei um mehr als billigen Diebstahl.

Die Ware Software

Das Verständnis von Software als einer Ware ist relativ jung. Die Großrechner der 50er und 60er Jahre kamen mit bereits installierten Programmen auf den Markt. Ihre Nutzer passten die Programme an ihre Bedürfnisse an und gaben sie an die Computerhersteller zurück, die sie häufig in ihre eigene Software integrierten. Erst mit den Personalcomputern entstand die Idee, Software als eigenes Produkt zu verkaufen.

Die Interessen der Industrie kollidierten zwangsläufig mit dem zuvor praktizierten freien Austausch der Nutzer. Zudem machten sie noch einen grundsätzlichen Punkt deutlich: Im Unterschied zu handgreiflichen Produkten kann man die Kopie eines Computerprogramms weitergeben und zugleich selbst eine behalten. Diese Eigenschaft macht freilich nicht nur den Diebstahl attraktiver, sondern auch den Profit des Herstellers: Wenn ein Programm einmal geschrieben ist, kostet die Herstellung jedes zusätzlich verkauften Exemplars praktisch nichts.

Die Ökonomie der Softwareindustrie machte es somit möglich, dass Piraterie das Image eines Kavaliersdelikts bekam und zu einem Massenphänomen wurde, an dem praktisch jeder Computernutzer in gewissem Umfang teilnimmt. Die Industrie führt dagegen gelegentlich Kampagnen, hat sich aber im Grunde mit der Erscheinung arrangiert und setzt die Raubkopien (die ja keine Kosten verursachen, sondern nur Einnahmeausfälle sind) gedanklich auf den Marketing-Etat.

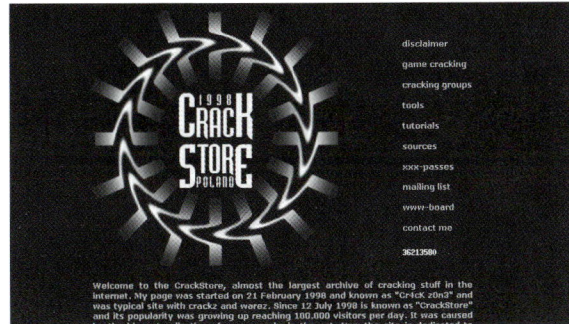

Beispiel einer Crackersite: www.crackstore.com/index2.htm

Die Crackerszene

Der nächstliegende Versuch, sich vor Raubkopien zu schützen, ist der, das Kopieren zu erschweren, vor der Installation des Programms die Legitimierung durch eine Seriennummer zu verlangen oder auf anderem Wege Hindernisse vor die Benutzung zu legen. Dass diese Hindernisse einen unwiderstehlichen Reiz auf Hacker ausüben, kann nicht verwundern: Das »Vergnügen daran, Hindernisse zu umgehen«, gehört zum Selbstverständnis der Hacker.

In den vergangenen zehn Jahren hat sich folgerichtig eine eigene Subszene der Hacker gebildet, die sich fast ausschließlich damit beschäftigt, den Kopierschutz von Programmen und Spielen (»warez«) zu brechen. Auch unter Hackern steht diese Subszene nicht in gutem Ruf; sie gilt als halbseiden, anrüchig und wichtigtuerisch.

Die Cracker reagieren auf die Kritik der Hacker mit Selbststigmatisierung. Sie stilisieren sich durch die Wahl ihrer Pseudonyme und die Organisation in Gangs – häufig mit Anleihen bei Hardrock, Hip-Hop oder anderen Popkulturen – als böse Jungs, die sich nur an ihre eigenen Gesetze halten.

»Rechnet man die Einnahmen, die wir aus dem Verkauf an Computerhobbyisten erzielt haben, um, bedeuten sie, dass wir für jede Stunde, die wir am Altair-Basic programmiert haben, weniger als 2 Dollar bekommen haben. Warum? Ihr müsst euch klar darüber sein, dass die Mehrheit von euch ihre Software stiehlt.«

Microsoft-Gründer Bill Gates in seinem »Offenen Brief an Computer-Hobbyisten«, veröffentlicht 1976 im Rundbrief des Homebrew Computer Clubs

Software ist erst vor kurzer Zeit zu einer Form geistigen Eigentums erklärt worden. Das hat auch eine neue Form von Eigentumsdelikten mit sich gebracht – die Softwarepiraterie.

Cracken III – Telefonnetze

Das Telefonnetz kann als gigantischer Computer angesehen werden – erst recht, seit es vollständig digitalisiert wurde. Telefonhacker nennen sich Phone Phreaks und liefern sich seit Jahrzehnten Kämpfe mit den Telefongesellschaften.

»Blaue« Kästchen überlisten Gebührenzähler

In der Geschichte der Hacker finden sich Beispiele für Tricks, wie mit Telefonen experimentiert wurde. Schon die Mitglieder des MIT-Modelleisenbahnklubs besorgten die Verdrahtung ihres Spielzeugs teilweise mit gestohlener Ausrüstung der amerikanischen Telefongesellschaft AT&T. Sie erweiterten auch das MIT-interne Telefonnetz mit eigenen, ungenehmigten Leitungen. Doch das Phone Phreaking entstand, als in den 50er Jahren AT&T sein System zur Vermittlung von Ferngesprächen automatisierte.

Eine Blue Box im Einsatz

In einer internen Fachzeitschrift erschien bald eine Liste der elektronischen Frequenzen, mit denen die Vermittlungsstellen gesteuert wurden. Die Verantwortlichen bei AT&T werden mehr als einmal den Tag verflucht haben, an dem diese Unvorsichtigkeit geschah. Es dauerte nicht lange, bis die ersten elektronischen Signalgeber auftauchten – ähnlich den Fernbedienungen für Anrufbeantworter –, die diese Frequenzen abspielen konnten. Für diese bürgerte sich aus ungeklärten Gründen der Name »Blue Box« ein – blau waren die kleinen Kästchen jedenfalls fast nie.

Die unscheinbaren Geräte konnten

den Vermittlungsstellen jeden Befehl geben, den sie überhaupt auszuführen in der Lage waren. Ein Phone Phreak, der sich auskannte, konnte nicht nur kostenlos irgendeine Telefonzelle in London anrufen, sondern hatte sogar die Auswahl, das Gespräch über das Transatlantikkabel oder über Satellit zu führen oder sich über Vermittlungsstellen in Tokio, Sydney, Hongkong und Paris einmal um den Globus zu schalten. Von Scherzen dieser Art, bei denen es letztlich überhaupt nicht um das am Ende resultierende Gespräch ging, waren Phone Phreaks begeistert.

Gaben die Blue Boxes informierten Benutzern das Gefühl einer ungeheuren Macht, so hatten sie für die weniger technisch interessierte Bevölkerung eine andere Attraktivität: Mit ihrer Hilfe konnte man umsonst telefonieren, und dies wurde in den USA der 60er und 70er Jahre geradezu zu einem Volkssport.

»Unterrichtsblätter der Deutschen Bundespost, Teil B, Fernmeldewesen. Ein MUSS für jeden Phreak. Keine 10 DM im Jahr. Zu bestellen bei jedem Postamt. Nur hartnäckig sein, Postler selbst wissen nichts über eigene Weiterbildungsmöglichkeiten.«

»Datenschleuder«, Zeitschrift des CCC, 2/1984

Das digitalisierte Telefonnetz

Mit der Digitalisierung und Computerisierung des Telefonnetzes wurden die Blue Boxes obsolet. Außerdem waren für Hacker die Datennetze zu einer spannenderen Spielwiese geworden. In den USA tat die massenhafte Kriminalisierung von Phone Phreaks Anfang der 90er Jahre (von der später noch die Rede sein wird) ihr Übriges, um diese Sparte des Hackens einzudämmen.

In der letzten Zeit hat, vor allem in Deutschland, die Verwendung von Chipkarten als Telefonkarten zu einem gewissen Revival des Phone Phreaking geführt. Allerdings konzentriert sich das Interesse mehr auf die Chipkarten als auf das eigentliche Telefonnetz.

Das Phone Phreaking ist eine der ältesten Varianten des Hackens. Der Versuchung, mit dem Telefonnetz herumzuspielen, konnten Hacker zu keiner Zeit widerstehen, unabhängig davon, wie sich die Technik der Netze entwickelte.

»Social Engineering« – Hacken von Organisationen

Behörden, Unternehmen und andere soziale Organisationen sind Systeme, die – wie Computer – nach Regeln funktionieren. Wer diese Regeln kennt und listig anwendet, um an fremde Informationen zu kommen, der ist auch ein Hacker – ein Organisationshacker.

Hacking Codes

Social Engineering

»Social Engineering ist eine Methode, um nicht allgemein zugängliche Informationen durch ›Aushorchen‹ zu erlangen. Oft gibt sich ein Angreifer bei Gesprächen durch die Kenntnisse der richtigen Schlagworte als Insider zu erkennen und erhält so zusätzliche Informationen, die an anderer Stelle ausgenutzt werden können.«

IT-Grundschutzhandbuch des Bundesamts für Sicherheit in der Informationstechnik

Gesellschaftliche Organisationen, die zu groß sind, als dass jedes ihrer Mitglieder alle anderen Mitglieder persönlich kennen könnte, sind darauf angewiesen, ihren Zusammenhalt immer wieder neu herzustellen. Im Alltag geschieht dies häufig stärker durch informelle Verhaltensweisen, Muster und Codes als durch formale Ausweispapiere oder Erkennungszeichen. Wer die Codes kennt und richtig anzuwenden weiß, der kann sie ausnutzen, um solche Organisationen für seine Zwecke arbeiten zu lassen.

Hacker bezeichnen das als Social Engineering, Social Hacking oder »Hacking People«. Sie waren nicht die Ersten und sind nicht die Einzigen, die sich dieser Technik bedienen: Für Journalisten, Privatdetektive, Steuerfahnder gehört das Unterwandern und Ausnutzen solcher Kommunikationsstrukturen seit langem zur Recherche; auch Aktivisten aus Kunst und Politik arbeiten mit diesem Prinzip. Es ist am Werk, wenn ein Journalist, der sich nicht von der Pressestelle abfertigen lassen will, sich bei einer Firma als potentieller Kunde ausgibt oder wenn politische Aktivisten desavouierende Flugblätter erstellen, die durch Verwendung des Logos so aussehen, als kämen sie von einer Partei.

Unterrichtsblätter der Deutschen Bundespost, 1986

32 Objekte und Techniken des Hackens

Falsche Anrufer, Papierkorbtaucher

Eine wichtige Rolle spielt das Social Engineering für die Phone Phreaks. Sie rufen beispielsweise interne Anschlüsse der Telefongesellschaft an, geben sich als Techniker aus (wichtig: den Jargon der wirklichen Techniker zu kennen), die gerade »draußen« einen Job erledigen (wichtig: die Situationen zu kennen, in denen solche Anrufe tatsächlich gemacht werden), und verlangen irgendeine Auskunft wie etwa weitere interne Nummern, Zugangscodes oder anderes (wichtig: zu wissen, was man erfahren will und was die Gegenseite überhaupt sagen kann).

Solche falschen Telefonanrufe sind ein klassisches Beispiel, aber Social Engineering umfasst weitaus mehr als das. Eine weitere spektakuläre Variante ist »Dumpster Diving«: das gezielte Duchsuchen des Mülls von Firmen, bei dem technische Handbücher, Listen mit Telefonnummern, aber auch nachlässig notierte Passwörter zutage treten.

Für Hacker erfüllt das Social Engineering häufig den Zweck, an Insiderwissen zu kommen, das ihnen bei weiteren Hacks hilfreich ist. Social Engineering ist dabei keinesfalls eine »zweitklassige« Tätigkeit, verglichen mit dem rein »technischen« Hacking. Sie erfordert selbst unbedingt technisches Wissen und soziales Geschick. Zudem setzt Social Engineering eine theoretisch wichtige Einsicht voraus: Systeme können durch technische Verfahren geschützt werden, aber die Menschen, die das System bedienen, gehören zu diesem System dazu. Für diese Menschen sind Sicherheitsregeln häufig einfach unbequem, weswegen sie dazu neigen, sie zu vernachlässigen. Hacker kennen die dadurch entstehenden Schwachstellen oft besser als diejenigen, die sich vor ihnen zu schützen versuchen.

Energie-Werbezettel von »Yello« war eine Fälschung

»Wegen Urkundenfälschung und übler Nachrede hat der Billigstrom-Anbieter ›Yello‹ Strafanzeige gegen die unbekannten Verfasser einer in Bremen verteilten Hauswurfsendung erstattet. Auf dem gefälschten Werbezettel wurde der Firma die Aussage in den Mund gelegt, dass die für ›Yello‹ produzierenden Atomreaktoren – anders als ›etwaige unsichere Atommeiler in Ihrer Region‹ – ›zu 100 Prozent sicher sind und schon aufgrund der Entfernung für Sie in Norddeutschland keine Gefahr darstellen‹.«

Bericht über einen Medien-Hack. In: Frankfurter Rundschau, 17.12.1999

Social Engineering ist ein wichtiger Bestandteil des Hackens. Speziell zur Erlangung von Spezialwissen ist das »Organisationshacking« häufig der einzig mögliche Weg.

Die Industrie

Die Hackerethik fordert unbegrenzten Zugang zu Computern und freien Fluss der Information. Und die Gegenspieler der Hacker sind: alle Autoritäten, die – ob aus legitimen oder zweifelhaften Gründen – dem im Wege stehen.

Industrie und Establishment

:**Evil Empire**

(Reich des Bösen): [nach der berühmten Charakterisierung der kommunistischen Sowjetunion durch Ronald Reagan]

»Früher IBM, heute Microsoft. Grundsätzlich die Firma, die die meisten Hacker zum gegebenen Zeitpunkt am meisten hassen. Hacker sehen sich gerne als romantische Rebellen gegen das Reich des Bösen und gehen in dieser Rolle häufig so sehr auf, dass sie zuweilen dem Reich des Bösen mehr Macht und Bösartigkeit zuschreiben, als es eigentlich hat.«

Jargon File 4.2.0

Als die ersten Computerfans in den 50er Jahren sich »Hacker« zu nennen begannen, war Rechenzeit nichts, was im Überfluss auf dem Schreibtisch zu stehen pflegte, sondern ein kostbares Gut, über das die »Hohepriester« der Großrechner eifersüchtig wachten. Der rücksichtslose Drang der Hacker zu den Wunschmaschinen brachte sie in einen natürlichen Interessenkonflikt zu den professionellen Computerexperten jener Zeit.

Was wie ein bloßer Verteilungskampf um eine knappe Ressource begann, entwickelte sich freilich rasch zu einem Kampf zwischen zwei Kulturen, der für die Hackerkultur konstitutiv wurde. Als ihren wichtigsten Gegenspieler identifizierten die Hacker bald die Firma International Business Machines, kurz IBM, den Computerhersteller, der damals praktisch synonym war mit Computern schlechthin.

Erzfeind IBM

Der Erfolg von IBM basierte in jenen Jahren genau auf jener Kultur, die die Hacker so verachteten. Die durchorganisierte Firma baute auf Heerscharen von Vertretern, gekleidet in jene sprichwörtlichen blauen Anzüge, die ihr den Spitznamen »Big Blue« einbrachten. Mit ihrem formellen Auftreten erzeugte IBM bei den amerikanischen Unternehmen den beruhigenden Eindruck von Professionalität, der die Entscheidung für Investitionen in die geheimnisvolle und ein wenig beängstigende neue Technik wesentlich erleichterte. Bei den Hackern, die selbst wussten, was es mit Computern auf sich hat, verfing diese Strategie nicht; dafür hassten sie die unflexible und wenig innovative Technik des Blauen Riesen.

Erzfeind Microsoft

IBM verschlief Ende der 70er die Entwicklung des PC – wie die ganze Computerindustrie. Als es schließlich 1981 doch noch den IBM PC vorstellte, führte dieser Schritt nicht etwa dazu, dass IBM den PC-Markt übernommen hätte, sondern er machte eine kleine Softwarefirma zur Ikone des PC-Zeitalters: Microsoft. Spätestens in den 90er Jahren beerbte Microsoft IBM in der Rolle des Lieblingsfeindes der Hackerszene – aus recht ähnlichen Gründen. Wie zuvor IBM schaffte es auch Microsoft, bei den Unternehmen den Eindruck der Sicherheit zu vermitteln und allen Alternativen, selbst wenn sie technisch überlegen waren, einen unseriösen Anstrich zu geben.

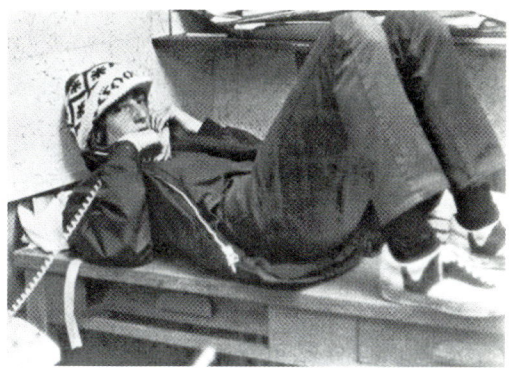

Bill Gates als Schüler in der Lakeside High School

Dabei sind Hacker nicht unterschiedslos industriefeindlich; es gab stets auch Firmen, die wenigstens von Teilen der Hackerszene geschätzt oder sogar geliebt wurden. Die Digital Equipment Corp., kurz DEC, genoss schon in den 60er Jahren einen guten Ruf wegen ihrer PDP-Minicomputer und wurde in der Anfangszeit der Datennetze mit den Vax/VMS-Rechnern zum liebsten Ziel der Datenreisen. Apples Wurzeln in der Hackerszene der 70er Jahre und sein Außenseiterimage machten es ebenfalls zeitweise beliebt. In der Internet-Ära gilt vor allem Sun Microsystems trotz einiger unter Hackern umstrittener Entscheidungen als Teil der Familie.

Hacker geben meist unterlegene Technik und den Einfluss von Marketingdenken als Grund für ihre Abneigung gegen bestimmte Firmen an. Doch häufig genug tritt eine nicht rational begründbare Abneigung gegen das Image von Firmen hinzu.

Justiz und Staat

Während die Feindschaft der Hacker zu einigen Industrieunternehmen eher auf kulturellen Widersprüchen beruht, wird zwischen Hackern und staatlichen Stellen zuweilen mit härteren Bandagen gekämpft.

Antistaatliche Grundhaltung

Hacker teilen mit der gesamten Computerindustrie in den Vereinigten Staaten eine Schizophrenie: Einerseits verdankt die Halbleiter- und Computerindustrie der USA, ebenso wie das Internet, ihre Existenz überhaupt nur massiver staatlicher Förderung und Subvention – vor allem durch den Rüstungshaushalt der US-Regierung. Andererseits hat sich spätestens in den 80er und 90er Jahren ein gegen die staatliche Regulierung gerichteter Konsens in der Computerindustrie gebildet, der bei Unternehmern wie Angestellten gleichermaßen ausgeprägt ist.

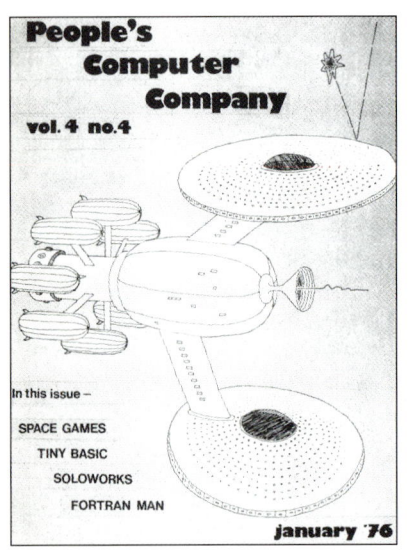

Für viele US-Hacker, wie immer expliziter und weniger vorsichtig als die Industrie, gehört eine für das kontinentaleuropäische politische Denken beinahe paranoid anmutende Antipathie gegen den Staat zur Alltagsphilosophie. Allerdings ignorieren sie dabei, dass sich die ersten Hacker an den mit Steuergeldern geförderten Universitäten bildeten, dass die Hardware-Hacker Computerchips in ihre Geräte bauten, die es nur gab, weil das Verteidigungsministerium mit seinem Riesenhunger für Rechenleistung deren billige Produktion ermöglichte, und dass das Internet-Projekt seine Existenz ebenfalls dem Forschungsbereich des Verteidigungsministeriums verdankt.

Die Justiz kennt keine Gnade

Während diese Form der Feindschaft eher einseitig von den Hackern ausgeht, haben sich diejenigen unter ihnen bei den Strafverfolgungsorganen unbeliebt gemacht, die in den 70er Jahren anfingen, sich in den Telefonsystemen der Welt zu tummeln. Zum einen ging es hier stets um echtes Geld, zum anderen kam im Laufe der 80er Jahre ein neuer Begriff in Mode, der die Gräben noch vertiefte. Die zuständigen Polizeistellen entdeckten, dass Telefon- und Datennetze eine Informations-Infrastruktur darstellten, von deren Funktionieren die Volkswirtschaft abhing.

In den frühen 80er Jahren machten sich daher unter dem Eindruck Aufsehen erregender Hacks die meisten Länder daran, ihre Gesetze den neuen Gegebenheiten anzupassen. In den USA wurde 1986 das »Gesetz gegen den Computerbetrug und -missbrauch« verabschiedet. In Deutschland trat im selben Jahr das »Zweite Gesetz zur Bekämpfung der Wirtschaftskriminalität« in Kraft, das mit demselben Ziel das Strafrecht änderte. Rechtsexperten empfahlen, eine »Hackerklausel« einzuführen. Mit einer solchen Klausel könnten Hacker straflos bleiben, wenn sie sich selbst anzeigen. Statt sie zu kriminalisieren, hätte man sie so konstruktiv einbinden können. Doch auf Seiten der Strafverfolgung blieb es bei einer harten Haltung, die sich in den 90er Jahren noch verschärfte.

»[Mein Bewährungshelfer] war schockiert, als er feststellte, dass [meine Eltern] sich kürzlich einen IBM-kompatiblen Computer angeschafft hatten, und warnte sie, dass sie ihn wieder loswerden sollten, bevor ich einzöge. Sie hatten gar kein Modem, aber als notorischer Hacker hätte ich ja vielleicht ein Modem aus Haushaltsgeräten zaubern können.«

Kevin Poulsen über seine Bewährungsauflagen. In: Paul Taylor: Hackers, London 1999

In allen Industrienationen, vor allem aber in den USA, ist die Bekämpfung der Computerkriminalität inzwischen zu einer wichtigen Daseinsberechtigung von Polizeibehörden geworden.

Proto-Hacker – Telegrafen- und Telefon-Operatoren

Die wirkliche Geschichte der Hacker beginnt erst mit der Geschichte der Computer. Doch schon mit der Entstehung der Telegrafen- und Telefonnetze entstanden Vorläufer der Hacker.

Eine Subkultur im »viktorianischen Internet«

Am 24. Mai 1844 sendete Samuel Morse seine berühmt gewordenen Worte »What hath God wrought« (Was Gott geschaffen hat) von Washington nach Baltimore. Die erfolgreiche öffentliche Präsentation seines Telegrafen war der Beginn einer mehrere Jahrzehnte andauernden Erfolgsgeschichte des Fernschreibers, der die menschliche Kommunikation grundlegend verändern sollte.

In seinem Buch über »Das viktorianische Internet« schildert Tom Standage die zahlreichen Parallelen zwischen der Entstehung des Telegrafenwesens im letzten Jahrhundert und der jungen Geschichte des Internet. Die revolutionäre Technik, die die räumliche Entfernung tendenziell verschwinden ließ und statt ihrer einen neuen Kommunikationsraum schuf, war bereits damals Ausgangspunkt für eine Technik-Subkultur: die Operatoren, die die Meldungen zwischen den Stationen des wachsenden Netzes vermittelten.

Ihre Aufgabe war es, die Nachrichten zahlender Kunden in Morse-Code zu übertragen und weiterzusenden und umgekehrt die eingehenden Signale zu Papier zu bringen und an die Boten weiterzugeben, die die Nachricht auslieferten. Doch die Operatoren begannen, ihren Wissensvorsprung aus der täglichen Arbeit auszunutzen und das Netz für ihre eigenen Zwecke zu verwenden.

Über das Plaudern mit den Kollegen in anderen Stationen und verstärkt durch die Tatsache, dass die Operatoren häufig nicht sesshaft waren, sondern von einer

---

»Es kann kein Zweifel darüber bestehen, dass Knaben die Arbeit [als Telefonvermittler] nicht das kleinste Bisschen unangenehm fanden, und es ist auch äußerst wahrscheinlich, dass unter den frühen Beschäftigungsbedingungen die abenteuerlustigen und neugierigen Geister, von denen der durchschnittliche gesunde Junge in diesem Alter besessen ist, nicht immer der angemessenen Aufmerksamkeit für die Bedürfnisse der Telefonkunden zuträglich waren.«

Anonymer britischer Kommentator über die männlichen Telefon-Operatoren im späten 19. Jahrhundert. In: Bruce Sterling: Hacker Crackdown, New York 1992

Stadt zur nächsten zogen, entwickelten sich eigene Bräuche und Verhaltensregeln, Initiationsriten und Hackordnungen. Die Operatoren, geschützt durch ihr Sonderwissen, bildeten eine eigene Gemeinschaft, deren Mitglieder häufig ebensolche Technikenthusiasten waren wie die Hacker heute: Einer der berühmtesten unter ihnen war der Erfinder Thomas A. Edison, der in seinem späteren Leben unter anderem die elektrische Glühbirne patentieren ließ.

Ein typisches Telegrafenamt in den USA Ende des 19. Jahrhunderts

Fräuleins vom Amt

Im Unterschied zu den Hackern war jedoch unter den Telegrafen-Operatoren eine hohe Anzahl junger Frauen. Als später das Telefon den Fernschreiber fast vollständig verdrängte, wurden weibliche Telefonvermittlerinnen praktisch zur Regel. Glaubt man Bruce Sterlings Bemerkungen in »Hacker Crackdown«, dann war das die Folge der schlechten Erfahrungen, die der Telefonkonzern AT&T in seinen frühen Jahren mit den »wilde Indianer« genannten männlichen Telefonvermittlern gemacht hatte. Sie benutzten ihre Funktion für Scherze wie das Verbinden falscher Personen, freche Kommentare zu den Gesprächsthemen der Telefonkunden und Ähnliches: »Die Kombination aus Macht, technischem Wissen und effektiver Anonymität war für die Teenager unwiderstehlich.«

Manche Chronisten der Hackerkultur gehen bis in die Antike zurück, um die ersten Hacker aufzuspüren: Die griechischen Erfinder des Trojanischen Pferds, das, als Geschenk getarnt, Soldaten in die feindliche Stadt Troja einschleuste, gilt manchen als der erste Hack überhaupt. Programme, die heimlich Passwörter sammeln, heißen bis heute »Trojanische Pferde«.

Begeisterung für neue Technik und ihre unvorhergesehene Anwendung machte die Telegrafen und Telefonisten zu einer Frühform des späteren Hackertums.

Die ersten Hacker

Als Wiege des Hackertums gilt der Modelleisenbahnklub der US-Universität Massachusetts Institute of Technology in Boston. Hier wurde der Begriff »Hacker« geboren, hier kamen die Studenten mit den ersten Computern in Berührung.

Könige der Schaltkreise

:foobar:
»... eine weit verbreitete ›metasyntaktische Variable‹ (das heißt, ein Platzhalter für irgendetwas).«
Jargon File 4.2.0

Das MIT ist eine der renommiertesten technischen Hochschulen der Welt, mit einem Ruf in den Natur- und Ingenieurwissenschaften, der dem der benachbarten Universität Harvard gleichkommt. Typisch für amerikanische Hochschulen sind die zahlreichen studentischen Interessenvereinigungen, die es auch am MIT gab und gibt. Eine von ihnen wurde Ende der 50er Jahre zur Brutstätte der Hackerkultur: der Tech Model Railroad Club (TMRC, ausgesprochen: »tmörk«), der eine große HO-Modelleisenbahn im (inzwischen abgerissenen) Gebäude 20 des MIT-Campus betrieb.

Genauer gesagt, war es das so genannte »Signals and Power Subcommittee«. »S&P« war der Teil des Vereins, der sich nicht um die Pappmaché-Landschaften und Miniaturgebäude kümmerte, durch die die Spielzeugzüge zuckelten, sondern darum, was unter der Oberfläche passierte: um die Schaltkreise, mit denen Züge kontrolliert, Weichen umgelegt und Signale gestellt werden konnten, um Das System.

Das Wort »hack«, am MIT schon länger gebräuchlich für studentische Scherzaktionen, bekam im TMRC eine neue Bedeutung: Für die S&P-Leute war ein Hack eine besonders kreative, virtuose und mit großem Engagement entwickelte Lösung für ein vertracktes elektronisches Problem. Im Unterschied zu einer geradlinigen Lösung des Problems musste in einem Hack Herzblut stecken, nicht bloß Lehrbuchwissen, es konnte komplizierter sein als notwendig, so lange es auch eleganter war.

Die S&P-Artisten nannten sich selbst Hacker, und zahlreiche Jargonwörter aus dem TMRC haben sich bis heute im Hacker-Jargon erhalten (foobar, kluge, cruft, mung).

Computer kommen in Reichweite

Das MIT war in den 50er Jahren einer der wenigen Orte, an denen Computer eingesetzt wurden. Nach der Konstruktion des ersten digitalen Computers, der Eniac, die 1946 an der Moore School for Engineering in Philadelphia fertig gestellt worden war, war in den USA eine ganz neue Industrie entstanden. Nachdem die Schreibmaschinenfabrik International Business Machines (IBM) den ersten Marktführer Univac aus dem Rennen geworfen hatte, war in den späten 50er Jahren »Computer« beinahe synonym mit »IBM«.

Der technischen Komplexität der frühen stockwerkgroßen Rechner, der amerikanischen Spionageparanoia im militärisch-technischen Wettlauf mit der Sowjetunion, aber auch der Unternehmensphilosophie von IBM war es geschuldet, dass der Zugang zu der wertvollen Maschine beschränkt war. Im klimatisierten ersten Stock des MIT-Gebäudes 26 befand sich die IBM 704, der noch röhrenbetriebene, millionenteure, Lochkarten fressende Computer der Universität. Bewacht von einem Kader

:kluge:
»[...] 2. Ein cleverer Programmiertrick, mit dem ein besonders lästiges Problem in einer zweckmäßigen, wenn auch nicht klaren Art gelöst wird. Oft gebraucht, um Programmfehler zu reparieren. [...] 3. Etwas, das aus dem falschen Grund funktioniert.«
Jargon File 4.2.0

Der Lochkartenraum des Großcomputers IBM 704 am MIT

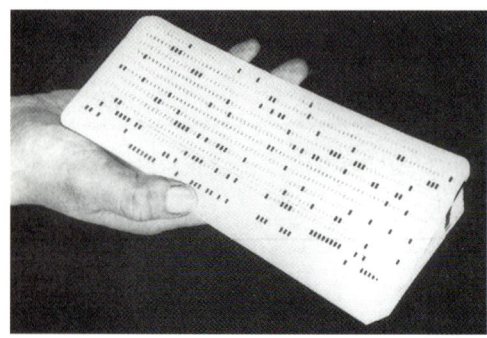

Lochkarten waren jahrzehntelang das einzige Medium zum Programmieren.

Spezialisten, war der Rechner ein effektiv nicht erreichbares Ziel für Hacker des TMRC.

Das änderte sich, als im selben Gebäude 26, ein Stockwerk über dem IBM-Giganten, eine Leihgabe des militärischen Forschungslabors Lincoln Lab ankam: Der TX-0, auch Tixo genannt. Der TX-0 war einer der ersten Computer, der statt mit Röhren mit Transistoren arbeitete und infolgedessen wesentlich kleiner war als die IBM 704. Doch kaum waren die Hacker am TX-0 die ersten Schritte gegangen, kam eine Maschine ans MIT, die noch umwälzender war: Das MIT erhielt das zweite Exemplar des »Programmed Data Processor« PDP-1 der brandneuen Firma Digital Equipment Corp. (DEC, die Ende der 90er Jahre von dem PC-Hersteller Compaq gekauft werden sollte).

Die PDP-1 hatte nurmehr die Größe von drei Kühlschränken und begründete damit die Kategorie der »Minicomputer«. Sie kostete bloß 120 000 Dollar, ein Spottpreis, verglichen mit den IBM-Rechnern. Zusammen mit dem für sie am MIT entwickelten Timesharing, das das parallele Arbeiten mehrerer Nutzer ermöglichte, bildete die PDP-1 die technische Grundlage für die Entstehung der Hackerkultur, wie wir sie kennen. Erst durch diesen Computer wurde das Programmieren direkt am Gerät möglich, das aus dem technischen Akt des Verknüpfens logischer Befehle eine Lebensweise machte.

Das Labor für Künstliche Intelligenz

In den frühen 60er Jahren bauten die Professoren John McCarthy und Marvin Minsky, selbst begeisterte Nutzer der PDP-1, das Artificial Intelligence Laboratory (Labor für Künstliche Intelligenz, kurz: AI Lab) am MIT auf. Das Institut wurde zum Mekka der MIT-Hacker. Sie versammelten sich rund um die PDP-1 und ihre Nachfolgemodelle und entwickelten Meilensteine der Computergeschichte wie das erste Computerspiel Spacewar und das Timesharing.

Ein berühmt gewordener Hack eines Studenten am AI Lab, Richard Greenblatt, verschaffte der jungen Disziplin der Künstlichen Intelligenz einen ersten Achtungserfolg. Als der Sozialwissenschaftler Herbert Dreyfus in einem Essay behauptet hatte, nie würde ein Computer in der Lage sein, auch nur ein zehnjähriges Kind im Schach zu schlagen, lud Greenblatt Dreyfus ein, gegen sein Schachprogramm MacHack zu spielen, das auf einer PDP-6 lief. Dreyfus akzeptierte die Herausforderung – und ging schachmatt.

»Rough Consensus and running code«

Vielleicht das wichtigste und folgenreichste Vermächtnis der akademischen Hackerszene ist allerdings das Internet. Die Initiative zur Entwicklung des Datennetzes ging zwar nicht von den Universitäten aus, sondern vom Verteidigungsministerium der USA und einigen privaten Denkfabriken. Doch seine praktische Entwicklung geschah zu großen Teilen an den Universitäten, und in ihr materialisierten sich die Werte der frühen Hackerszene.

Das gilt vor allem für die Arbeitsweise. Wie auch die Do-it-yourself-Maxime der Hackerethik lehnten die Entwickler des Internet die als umständlich empfundenen Gremien ab, die die Normen für die technische Kommunikation im Netzwerk festlegten. Stattdessen etablierte sich ein pragmatisches Verfahren, in dem jeder Vorschläge machen und sie zur allgemeinen Diskussion stellen konnte. Die besten und bewährtesten dieser mittlerweile mehreren tausend »Requests for Comments« bilden bis heute das Rückgrat des Internet.

:RFC: [Request For Comment]

»[...] RFCs sind vor allem deswegen bemerkenswert, weil sie so gut funktionieren – sie haben weder die Zweideutigkeiten, von denen es in informellen Spezifikationen nur so wimmelt, noch haben sie die typischen, von Komitees durchgesetzten Fehleigenschaften, die formelle Standards kennzeichnen.«

Jargon File 4.2.0

In den 60er Jahren entstand die Hackerszene im akademischen Bereich. Am MIT konnten sich die ersten Hacker gut entfalten. Ihre Einflüsse sind bis heute in der Hackerkultur nachzuvollziehen.

Phone Phreaks

Die Manipulation des Telefonnetzes war die erste Disziplin des Hackens, die ihre Protagonisten in scharfen Konflikt mit dem Gesetz brachten. Zugleich wurde sie zu einer Form des politisch motivierten Hackens.

Durchschalten und Gebühren sparen

> »YIPL wird begründen, warum sofort etwas gegen die Kontrolle der Kommunikation in den USA durch niemand anderen als die Bell-Telefongesellschaft unternommen werden muss.«
>
> Aus der ersten Ausgabe der »Youth International Party Line«

Zu den ersten Programmen, die für den PDP-1-Computer am MIT geschrieben wurden, gehörte eine Schnittstelle zum Telefonsystem, die den unerlaubten Zugriff auf die Vermittlungsstellen erlaubte. Diese typischen Phreak-Tricks stießen bei den Studenten auf Begeisterung: sich von einem Vermittlungsrechner zum nächsten weiterzustellen und über möglichst verrückte Wege beispielsweise eine x-beliebige Telefonzelle in London anzuwählen.

Wenn man dem Mythos der »wahren Hacker« am MIT folgen will, dann existierte für sie eine klare Grenze zwischen dem neugierigen Erforschen des Systems und dem egoistischen Hinterziehen von Gebühren. Doch selbst in Levys Heldenepos »Hackers« finden sich genügend Hinweise, um zu bezweifeln, dass dieser Trennungsstrich so klar gezogen war, wie es die Legende gerne hätte. Das Vergnügen des technisch Interessierten an den Möglichkeiten der Manipulationen und die konkrete praktische Anwendung, mit der kostenlos telefoniert werden konnte, bilden wohl eher zwei Enden eines Kontinuums, auf dem sich schon die damaligen Hacker bewegten.

Während des Vietnamkriegs kam in den USA eine politische Motivation für den Telefonbetrug auf. Da in den USA eine Sondersteuer auf das Telefonieren erhoben wurde, konnte neben vielen anderen Taktiken auch das Hinterziehen von Telefongebühren als ein Akt des zivilen Ungehorsams und Widerstands gegen den Krieg verstanden werden. In den späten 60er und frühen 70er Jahren wurde das Benutzen von solchen Instrumenten zu

Yippies bei der Öffentlichkeitsarbeit

einem weit verbreiteten Phänomen, das von manchen ganz offen propagiert wurde.

Die Taktiken der Yippies

Am offensivsten wurde diese Strategie von der »Youth International Party« vertreten, den so genannten Yippies. Die Yippies waren eine recht Aufsehen erregende Spaßguerilla mit Wurzeln in der Beat Generation, berühmt für an den Situationismus erinnernde Aktionen wie die, ein Schwein in der US-Präsidentschaftswahl gegen Richard Nixon kandidieren zu lassen. Die prominentesten Yippies waren Abbie Hoffman und Jerry Rubin; Rubin wurde schließlich Aktienhändler an der Wall Street, Hoffman tauchte einige Jahre in Europa und Südamerika unter, verbrachte schließlich ein Jahr in einem amerikanischen Gefängnis und soll 1989 unter mysteriösen Umständen Selbstmord begangen haben.

Für die Yippies war die kreative Ausnutzung der Medien ein wichtiger Teil ihrer Strategie. Sie verstanden es, die großen TV-Stationen in ihre Agitation einzubinden, indem sie deren Sucht nach spektakulären Bildern für sich nutzten. Sie veröffentlichten ein Buch mit dem selbstreferenziellen Titel »Steal this Book«, das Ratschläge zum kostenlosen Überleben in den USA enthielt: Ladendiebstahl, Strom- und Wasserklau – und eben kostenloses Telefonieren.

Im April 1966 beschloss der US-Kongress, die Bundessteuer auf Telefongespräche auf 10 Prozent zu erhöhen. »Es ist klar«, so sagte der Abgeordnete Wilbur Mills, »dass Vietnam und nur Vietnam diese Erhöhung notwendig macht.« Die War Tax Resistance forderte daraufhin die Kriegsgegner auf, ihre Telefonrechnungen nicht komplett zu überweisen, sondern um 10 Prozent zu kürzen, um damit der Steuerbehörde Arbeit beim Eintreiben der Beträge zu machen.

Flugblatt »Youth International Party Line«, 1971

Gemeinsam mit einem eher technisch interessierten Yippie mit dem Pseudonym Al Bell (eine Anspielung auf den Spitznamen »Ma Bell« der Telefongesellschaft AT&T) begann Abbie Hoffman 1971 einen Rundbrief namens »Youth International Party Line« herauszugeben, in dem diese Taktiken aktualisiert und fortgeschrieben wurden. Der Newsletter überstand das Zerfallen der Yippies als politischer Bewegung: Al Bell änderte den Namen der Publikation in TAP, was für »Technical Assistance Program« stand. Ende der 70er Jahre übergab Al Bell an seinen Nachfolger mit dem Pseudonym Tom Edison (eine Referenz an den bereits erwähnten Starerfinder des späten 19. Jahrhunderts, Thomas A. Edison). 1983 ging die Zeitschrift ein, erlebte allerdings in den frühen 90er Jahren ein kurzes Comeback.

Popularität und Verfolgung

Die Yippies waren Ende der 60er und Anfang der 70er Jahre nicht die Einzigen, die solche Praktiken propagierten. Ein anderes radikales Magazin, »Ramparts«, veröffentlichte 1972 ebenfalls einen Artikel mit dem Titel »Wie Sie die Telefongesellschaft in Ihren eigenen vier Wänden regulieren können«, in dem eine Anleitung zum Bau einer Blue-Box-Variante gegeben wurde. (»Ramparts« wurde wegen dieses Artikels verboten und konfisziert.) Selbst das angesehene Hochglanzmagazin »Esquire« veröffentlichte im Oktober 1971 eine lange Reportage, in der durchaus nicht ohne Sympathie über die Blue-Box-Szene gesprochen wurde.

Während die Yippies mit ihrer Strategie das Ziel verfolgten, Schaden anzurichten, dürfte die hohe Popularität des kostenlosen Telefonierens eher auf ein mangelndes Schuldbewusstsein seiner Nutzer zurückzuführen sein. Mit dem durch die zunehmende Kriminalisierung beschleunigten Abebben der politischen Bewegungen in den USA wurde als gängige Rechtfertigung oft das Argument vorgebracht, man richte ja ohnehin keinen nennenswerten Schaden an, da das System ja bereits existiere und man bloß die Überkapazitäten abschöpfe.

Zugleich bildete sich um die immer professioneller agierende Szene der Phone Phreaks ein Netzwerk an interessierten Kriminellen, die teilweise große Stückzahlen der kleinen Kästchen bestellten. In dem erwähnten »Esquire«-Artikel schildert ein Phreak einen Großauftrag von 1000 Blue Boxes durch einen Glücksspielring, der damit die oft stundenlang aufrechterhaltenen Fernverbindungen zwischen Spielern in einzelnen Wettbüros in den ganzen Vereinigten Staaten verbilligen wollte. Bis heute ist Telefonbetrug (in der Regel nicht betrieben von Hackern oder Phreaks, aber gelegentlich durch sie technisch ermöglicht) ein Geschäft geblieben, das seinen Absatzmarkt vor allem in Kreisen mit wenig Geld und hohem Bedarf an Ferngesprächen findet. Dieses Geschäft wird jedoch typischerweise nicht von Phone Phreaks selbst betrieben. Sie werden höchstens für die Entwicklung der technischen Lösung herangezogen. Vertrieb und Marketing solcher illegaler Techniken können jedoch nur mit einer professionellen Schwarzmarkt-Infrastruktur betrieben werden.

> »ACHTUNG: Youth International Party Line befürwortet es nicht, freie Telefonanrufe zu machen. Andererseits befürwortet YIPL es auch nicht, für das Telefonieren zu bezahlen. Wenn du erwischt wirst, kannst du wegen Gebührenbetrug drankommen. Also überlege dir gut, ob du das Ferngespräch führen musst und ob du an das freie Sprechen glaubst.«
> »Youth International Party Line« No. 2, Juli 1971

Das Erschleichen kostenloser Telefonate bildet das eine Ende des Phreak-Kontinuums. Es hat eine Geschichte, in der von politischem Widerstand bis zu Geschäftemacherei viele Motivationen vorkommen.

Die Plastikpfeife des Cap'n Crunch

Eine legendäre, lustige und typische Episode des Phreakings dreht sich um eine kleine rote Spielzeugpfeife, die Mitte der 60er Jahre Frühstücksflocken der Marke Cap'n Crunch beigelegt wurde.

2600 Hertz

Die Geschichte von Captain Crunch wird in verschiedenen, sich zum Teil widersprechenden Versionen erzählt, was nicht zuletzt daran liegt, dass John Draper selbst eine unzuverlässige Quelle ist. Die Darstellung hier orientiert sich im Wesentlichen an dem bereits erwähnten Artikel »Secrets of the Little Blue Box«, der im Oktober 1971 in der Zeitschrift »Esquire« erschien und den Draper in Bezug auf die hier interessierenden Fakten bestätigt hat.

Zwölf verschiedene Frequenztöne, alle für das menschliche Ohr hörbar, und Kombinationen aus ihnen steuerten in den 60er und 70er Jahren das Telefonsystem der USA. Einer dieser Töne, mit der Frequenz von 2600 Hertz, hatte eine besonders wichtige Funktion: Er signalisierte der Vermittlungsstelle, dass die entsprechende Leitung gerade nicht benutzt wurde, also frei und anzurufen war.

Richtig eingesetzt, war es genau dieser Ton, der das kostenlose Telefonieren ermöglichte. Meistens wurde zunächst eine kostenlose Kundendienst-Telefonnummer angerufen – eigentlich eine beliebige, tatsächlich aber war es Teil des Vergnügens, etwa die Anwerbestelle der Armee anzurufen oder ein Wahlkampfbüro der Republikaner –, von der aus man sich dann weiterschaltete.

Das war das Prinzip, nach dem auch die Blue Boxes funktionierten, aber zwei Phone Phreaks entdeckten alternative Wege, den Ton zu erzeugen: Joe Engressia und John Draper, der später unter dem Pseudonym Cap'n Crunch bekannt wurde.

Der blinde Pfeifer

Die besondere Fähigkeit des blinden Engressia war es, die Steuertöne von Ma Bell mit dem bloßen Ohr erkennen und selbst pfeifen zu können. Er verschaffte sich zudem besonderes Wissen über die internen Strukturen von AT&T, indem er als Schüler in einem grandiosen Akt des Social Engineering Vermittlungsstellen der Telefongesellschaft besuchte. Er spielte seine Behinderung zu seinem Vorteil aus und ließ sich von den Angestellten herumführen, durfte die Geräte betasten und erfuhr Details, die vielleicht nicht jedem erzählt worden wären.

Engressia war bereits ein Geheimtipp der Phreak-Szene, als Draper mit ihm in Kontakt kam. Ihm erzählte er auch, dass eine Spielzeugpfeife, die den Kartons der Cap'n-Crunch-Frühstücksflocken der Firma Quaker Oats in den 60er Jahren in Millionenauflage beilag, genau den benötigten 2600-Hertz-Ton abgab, wenn man sie richtig blies. Draper war es allerdings, der mit diesem Trick berühmt wurde und den Namen der Frühstücksflocken zu seinem Pseudonym machte. Draper, zu seinen Phreak-Zeiten bei der Luftwaffe der USA beschäftigt, machte allerdings auch mit anderen Hacks von sich reden. Eine berühmte Anekdote erzählt, wie er einen Telefonanruf über mehrere Vermittlungsstellen einmal um die ganze Welt leitete und ein zweites Telefon auf seinem Schreibtisch anrief.

Der Trick mit der Plastikpfeife war niemals wirklich praxisrelevant. Die Blue Boxes, die bereits im Umlauf waren, besorgten diese Aufgabe wesentlich zuverlässiger und konnten darüber hinaus mehr als die umständliche Pfeife. Doch die Idee, eine Spielzeugpfeife zum kostenlosen Telefonieren zu benutzen, ist ein typischer Hackereinfall. Daher rührt die bis heute andauernde Popularität von Cap'n Crunchs Hack.

Die Pfeife des Cap'n Crunch mit Originalpackungen

In dem Kinofilm »Sneakers« (1992) spielt Robert Redford einen ehemaligen Hacker, der Sicherheitsexperte geworden ist. Der Film ist voll von Anspielungen auf Ereignisse der Hacker-Geschichte. Ein Mitarbeiter von Redford ist blind und löst viele Probleme über sein Gehör. Im Abfall einer Person, die beschattet wird, findet sich eine Cap'n-Crunch-Schachtel.

Die Verwendung der Cap'n-Crunch-Pfeife ist ein klassischer Hack: kreative Umnutzung von technischen Mitteln. Bis heute sind Exemplare der kleinen roten Pfeife unter Hackern beliebte Sammlerstücke, für die bis zu 100 Dollar gezahlt werden.

Der »Hacker Crackdown«

Phone Phreaks waren bereits in den 60er und 70er Jahren die ersten Hacker, die mit dem Gesetz in Konflikt kamen. Anders als beim erst entstehenden Computer- und Internetsektor ging es hier um ein schon seit Jahrzehnten etabliertes Geschäft.

Der AT&T-Crash vom 15. Januar 1990

Vom 7. bis 9. Mai 1990 führten der US-Secret Service und eine Einheit der Polizei von Arizona die »Operation Sundevil« durch, bei der Razzien bei Phone Phreaks in 14 amerikanischen Städten vorgenommen wurden.

Am Martin-Luther-King-Tag des Jahres 1990 brach ein großer Teil des Fernverbindungsnetzes der amerikanischen Telefongesellschaft AT&T zusammen. Der Crash, der neun Stunden andauerte, betraf zwar nur einige Regionen der Vereinigten Staaten, war in seinem Ausmaß aber dennoch ohne Beispiel. Wie sich Monate später herausstellte, war ein Fehler in der Software der Telefonvermittlungsrechner verantwortlich für den Crash. Aber das interessierte in der Situation, in der er geschah, niemanden.

Die Schuldigen, die sich die Behörden alsbald zu suchen aufmachten, schienen klar: Hacker. Der Sciencefiction-Autor Bruce Sterling hat in einem seiner besten Ausflüge in die Welt des Journalismus die Ereignisse im Umfeld des AT&T-Crashs minutiös nachgezeichnet. Sein Buch »The Hacker Crackdown« schildert, wie lokale Polizei und der US-Secret Service in den auf den Crash folgenden Wochen das Land mit einer fortdauernden Razzia überzogen. Die gesamte Szene (und mit ihr eine Reihe nichts ahnender Zuschauer) wurde durch diese von dem AT&T-Crash ausgelöste, aber durch ihn gar nicht gerechtfertigte Aktion erschüttert.

Mark Abene (alias Phiber Optik), ein Mitglied der Phreak-Gang »Masters of Deception«, nach einem Gerichtsverfahren

50 Kurze Geschichte der Hacker I

Hacker und Phreaks als Public Enemies

Der AT&T-Crash, sein Umfeld und seine Folgen waren der Höhepunkt der Entwicklung, in der sich die öffentliche Wahrnehmung von Hackern in die Richtung der heute vorherrschenden Interpretation als Computervandalen drehte. Die Hacker, die im Laufe des »Hacker Crackdown« festgenommen wurden, waren in Gruppen mit Namen wie »Legion of Doom« oder »Masters of Deception« organisiert, sie hatten Pseudonyme wie »Acid Phreak«, »Phiber Optik« und »Knight Lightning«. Ihre Attitüde war rauer und cooler, mehr von Popkultur geprägt als vom akademischen Komment der Eliteuniversitäten.

Dass die Szene so erschüttert werden konnte, hing auch damit zusammen, dass es anders als in Deutschland kein organisierendes Zentrum der US-Hackerbewegung gab, das die Hacker »erzog« und ihre Aktionen kanalisierte und politisierte, wie es in Deutschland der CCC tat. Der »Hacker Crackdown« gab aber Anlass zur Gründung einer Organisation, die sich dem Schutz der Bürgerrechte im virtuellen Raum zur Aufgabe machte: Die Electronic Frontier Foundation, initiiert von John Perry Barlow, früher Texter für die Band Grateful Dead, und Mitch Kapor, dem Gründer der Softwarefirma Lotus.

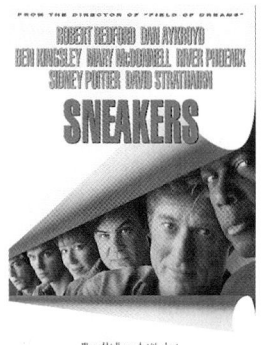

»Am Rande der Legalität operierende Computer-Experten auf der Jagd nach einem ›Code Breaker‹, mit dem sich alle lebenswichtigen Datenspeicher dechiffrieren und manipulieren lassen.«

Lexikon des Internationalen Films, Hamburg 1995

Der US-Secret Service ist eine seltsame Einrichtung: Seine bekannteste Aufgabe ist der Personenschutz für den US-Präsidenten. Er gehört aber organisatorisch zum Schatzamt der USA. Ursprünglich war er zuständig für den Schutz der Goldreserven, die Sicherheit der Notendruckereien und die Verfolgung einiger Straftaten, die in diesen Bereich fallen: Geldfälschung, Kreditkartenbetrug – und in neuerer Zeit Telefon- und Computerkriminalität.

Obwohl der AT&T-Crash vom Januar 1990 auf einen Softwarefehler zurückzuführen war, löste er eine Welle der Kriminalisierung aus. In der öffentlichen Wahrnehmung wurden Ende der 80er, Anfang der 90er Jahre Hacker zu Computervandalen umdefiniert.

Hardware-Hacker

Zur selben Zeit, als die Yippies Sabotage und Telefonbetrug als politische Strategie verfolgten, bildete sich in San Francisco, Berkeley und Stanford eine ebenfalls politisch motivierte Subkultur, die den Computer dem Volk zugänglich machen wollte.

Computer für alle?

»Wir bei Digital Equipment hätten im Januar 1975 mit einem Personalcomputer herauskommen können.«
David Ahl, Ex-DEC-Angestellter und Gründer des Magazins »Creative Computing«. In: Freiberger/Swaine: Fire in the Valley, New York 1984

Im Laufe der 70er Jahre entwickelte sich an der Westküste der Vereinigten Staaten, hauptsächlich in der Region von San Francisco, eine Idee, auf deren Grundlage eine vollkommen neue Industrie aus dem Boden gestampft wurde. Ihre Folgen für die Gesellschaft und die Wirtschaftsbeziehungen sind bis heute zu beobachten: die Idee, dass ein Computer ein Gerät sei, das auf jedem Schreibtisch und in jedem Haushalt seinen Platz hat, eine Technik, die grundsätzlich für alle Menschen zugänglich und nützlich sein kann.

Obwohl die Vorstellung eines »persönlichen« oder »Heimcomputers« am Ende einen gigantischen Industriesektor gebar, war es nicht die Computerindustrie, die sie erfand. Im Gegenteil: Ihre Kapitäne haben diese Jahrhunderterfindung, die auch von einzelnen Ingenieuren und Marketingverantwortlichen innerhalb der Branche propagiert wurde, verworfen. Im Grunde hingen Firmen wie IBM oder DEC nach wie vor dem Dekret von Thomas Watson an, dem früheren Chef von IBM, der 1943 erklärt hatte: »Ich glaube, es gibt einen Weltmarkt für vielleicht fünf Computer.« Noch 1973 meinte DEC-Chef Ken Olson, als ein Mitarbeiter vorschlug, DEC sollte einen Computer für private Anwender bauen, er sehe keinen Grund, warum irgendjemand einen Heimcomputer wollen könnte.

Als Brutkasten für die kommende Industrie erwies sich also nicht die bereits bestehende, sondern die Hackerszene der Westküste. Hier mischten sich politische Aktivisten, frustrierte Aussteiger aus der etablierten Computerbranche und die notorischen Lötkolbenenthusiasten.

Computer für alle!

Die Technik war noch nicht reif für die ersten »persönlichen Computer«, als Anfang der 70er Jahre die Projekte gestartet wurden, die die Stimmung erzeugten, in der der PC entstehen konnte. Hacker wie Lee Felsenstein, Bob Albrecht und Ted Nelson propagierten nicht, dass jeder einen Computer besitzen sollte, wohl aber, dass jeder Zugriff zu Computern haben sollte.

Zu einer Bibel dieser Haltung wurde ein seltsames, 1973 während des Vietnamkrieges im Selbstverlag gedrucktes und vertriebenes Buch, das aussah wie eine Schülerzeitung, die auf einem LSD-Trip gemacht wurde – »Computer Lib« von Ted Nelson. In übergroßem Format, mit Collagen, ungelenken Handzeichnungen, unzusammenhängenden Texten beschrieb »Computer Lib« Nelsons Sicht auf das Universum der Computer, die besagte: Computer sind nicht böse, sondern gut. Sie wirken nur negativ, weil die Mächtigen Lügen über sie erzählen und sie für schlechte Dinge verwenden. Nelsons Hoffnung, die er in Großbuchstaben verkündete: »COMPUTER POWER TO THE PEOPLE!« In der Hand »des Volkes« würde die »Dream Machine« Computer (Nelson) befreiende Wirkung entfalten.

> »Computer werden zumeist gegen die Menschen verwendet, statt für die Menschen. Verwendet, Menschen zu kontrollieren, statt dafür, sie zu BEFREIEN. Es wird Zeit, das zu ändern – wir brauchen eine People's Computer Company.«
>
> Appell auf der ersten Ausgabe der Zeitschrift »People's Computer Company«, Oktober 1972

Vorder- und Rückseite von Ted Nelsons »Computer LIB«

Lee Felsenstein mit den von ihm entwickelten PCs

»Das Seltsame ist, dass es so lange gedauert hat und dann plötzlich so schnell ging.«

Ted Nelson, Autor von »Computer Lib.«. In: Freiberger/Swaine: Fire in the Valley, New York 1984

Die Rhetorik der Antikriegsbewegung, die sich ganz unironisch durch Nelsons Buch zieht, wurde auch von der People's Computer Company bemüht, einer losen Gruppe mit angeschlossener Zeitschrift, die Bob Albrecht 1972 gegründet hatte. Albrecht, ein Aussteiger aus der Computerindustrie, propagierte in seiner Zeitschrift vor allem, Schüler schon im Kindesalter an Computer zu setzen und ihnen das Programmieren beizubringen. Und zwar, ein wichtiger Punkt für Albrecht, in der Computersprache Basic, die sich Albrechts Auffassung nach, verglichen mit anderen Sprachen, durch leichte Verständlichkeit auszeichnete. »Basic ist die Sprache des Volkes«, verkündete die Zeitschrift PCC immer wieder.

Community Memory

Albrecht öffnete einmal wöchentlich seine Wohnung für Partys, auf denen sich die entstehende Graswurzel-Computerszene San Franciscos traf. Zu den Gästen gehörte auch Lee Felsenstein, der 1973 mit einigen Bekannten aus der links angehauchten Szene Berkeleys einen der ersten konkreten Versuche unternahm, Computer »für das Volk« nutzbar zu machen. Das »Community Memory«-Projekt bestand aus öffentlichen Terminals, die in Plattenläden oder Bibliotheken standen und wie eine Art Schwarzes Brett funktionierten.

Die bereits im Namen angelegte Idee war es, den Computer als eine Art kollektives Gedächtnis zu nutzen. Es gab zwei Kommandos, die die Nutzer verwenden konnten: ADD, um Informationen, Gedanken, Ideen beizutragen, und FIND, um sie abzurufen. Verglichen mit dem, was heute im Internet möglich ist, mag das primitiv erscheinen, aber der Gedanke war wegweisend. Auch für Felsensteins Community Memory war die Technik freilich noch nicht reif. Wegen häufiger Abstürze und Fehlfunktionen entschieden die Betreiber nach anderthalb Jahren, das Projekt einzustellen.

Auch wenn sie wie die MIT-Hacker besessene Technikfreaks waren – Attitüde und Weltanschauung der Westküstenhacker waren etwas vollkommen anderes. Die MIT-Hacker waren von Herkunft und Erziehung her elitär geprägt und in der Regel nicht interessiert daran, ihr Wissen an »einfache« Menschen weiterzugeben. In der Sprache Basic zu programmieren, wie es Albrecht als Voraussetzung für die Popularisierung von Computern forderte, galt am MIT als geradezu lächerlich.

Auf der anderen Seite befanden sich die politisch inspirierten Westküstenhacker ebenfalls im Widerspruch zu ihrer gegenkulturellen Umgebung. Anders als Felstenstein und Konsorten lehnte der linke Mainstream in San Francisco mehrheitlich Computer als Herrschaftstechnik rundheraus ab. Mit dem Versuch, Anwendungen für Computer zu schaffen, die für die breite Bevölkerung zugänglich und nützlich sein sollten, waren Felsenstein und Nelson Pioniere mit dem Versuch, sich die Informationstechnik für die eigenen Zwecke anzueignen. Angesichts dessen, dass der Computer damals noch eine Großtechnologie war, die man sich nicht anders vorstellen konnte als in den Hallen der Regierung oder der großen Unternehmen, gehörte dazu einiges an Vorstellungskraft.

»Ein Jahr war wie ein Menschenleben damals.«
Lee Felsenstein. In: Freiberger/Swaine: Fire in the Valley, New York 1984

Politische Aktivisten wollten in den 70er Jahren den Umgang mit Computern demokratisieren. In den folgenden Jahrzehnten erhielten zwar immer mehr Menschen Zugang zu Computern, aber die große Befreiungshoffnung der Anfangszeit erfüllte sich nicht.

Kurze Geschichte der Hacker II

Der Homebrew Computer Club

1975 wurde der Ur-PC vorgestellt: der »Altair«. Er wurde zum Kristallisationspunkt für die Westküstenhacker. Im Homebrew Computer Club trafen sich die frühen Computeruser. Rasch bildete sich ein Wust von Kleinbetrieben, der die Szene belieferte.

»Der Durchbruch!«

> »Bastelst du an deinem eigenen Computer? An einem Terminal? Einer Bildschirm-Schreibmaschine? Einem I/O-Gerät? Oder irgendeiner anderen digitalen Blackbox? Kaufst du dir Rechenzeit bei einem Timesharing-Dienst? Dann komm doch zu einem Treffen von Leuten mit denselben Interessen! Du kannst Informationen und Gedanken austauschen, fachsimpeln, an einem Projekt mitarbeiten, was auch immer.«
>
> Flugblatt des Homebrew Computer Clubs, 1975

So jubelte die Titelseite des Bastlermagazins »Popular Electronics« in ihrer Ausgabe vom Januar 1975 über »den ersten Minicomputerbausatz […] Altair 8800«. »Popular Electronics« war damit die erste Zeitschrift, die über das sensationelle Gerät berichtete. Für den Hersteller, eine Firma namens Mits, die zuvor mit wechselndem Erfolg Kleinsender für Modellflugzeuge, Taschenrechner und ähnliche elektronische Bauteile produziert hatte, war dieser Artikel überlebenswichtig. Kurz vor dem Bankrott stehend, kam durch die Flut von Bestellungen, die Mits für den Altair erhielt, die Rettung.

Von heute aus gesehen erscheint es beinahe unpassend, den Altair überhaupt als Computer zu bezeichnen. In seiner Standardversion ergab der Bausatz am Ende eine Kiste mit einer Reihe von Kippschaltern und Leuchtdioden. Sie waren der einzige Weg, mit dem Gerät zu kommunizieren. Die User mussten den Prozessor buchstäblich Bit für Bit programmieren. Da der Hersteller mit seinen Projekten für den Anschluss einer Tastatur, eines Monitors, eines Druckers oder eines Cassettenrecorders für die Datenspeicherung hoffnungslos in Verzug geriet, mussten sich die Computerfans selbst behelfen.

Der provisorische Charakter des Altair, der im Grunde noch überhaupt kein fertiges Produkt war, ließ ihn nicht etwa zu einem Flop werden. Trotz seiner offensichtlichen Beschränkungen und seiner Unausgereiftheit wurde er enthusiastisch aufgenommen. Statt auf die nächste, ausgereifte Version zu warten, warfen sich die Compu-

Der MITS Altair 8800

terfans auf das Gerät und schlossen sich zusammen, um die fehlenden Features in Eigeninitiative selbst zu entwickeln. Es ist auch technikhistorisch interessant zu beobachten, mit was sich die Anwender einer Technik abfinden, wenn diese ein vorhandenes Bedürfnis befriedigt.

Homebrew Computer Club

Die wahrscheinlich höchste Dichte von Interessenten und Käufern für den Altair dürfte es in der Region um San Francisco gegeben haben. Bereits in den späten 50er Jahren war das Gebiet im Süden der Stadt bis zum 100 Kilometer entfernten San José zum Zentrum der Halbleiter- und Elektronikindustrie geworden – das Silicon Valley. Aus der Mixtur der dort (häufig genug an militärischen Aufträgen) arbeitenden Ingenieure, den Studenten und Lehrkräften der Universitäten Berkeley, im Norden von San Francisco, und Stanford mitten im Silicon Valley und der Alternativkultur von San Francisco ergab sich die Stimmung, aus der die typische Kundschaft für den Altair hervorging.

Es war ein weiterer Graswurzel-Aktivist namens Fred Moore, der kurz nach der Einführung des Altair den Wunsch hatte, zwischen den Computerfans einen direkteren Informationsaustausch zu ermöglichen. Er druckte ein paar Flugblätter, die für den 5. März 1975 zu einem

»Wir [beim Homebrew Computer Club] waren überzeugt davon, subversiv zu sein. Wir unterwanderten die Regeln, die die Großindustrie aufgestellt hatte. Ich war erstaunt, dass wir uns immer weiter treffen konnten, ohne dass Leute mit Bajonetten kamen und uns alle verhafteten.«

Keith Britton, Mitglied des Homebrew Computer Clubs. In: Freiberger/Swaine: Fire in the Valley, New York 1984

Ein Treffen des Homebrew Computer Clubs

Treffen in der Garage eines Freundes einluden. 32 Teilnehmer kamen zu dem ersten Treffen des Homebrew Computer Clubs, hörten sich einen Bericht über einen Besuch beim Altair-Hersteller Mits in Albuquerque an, aus dem hervorging, dass die Firma noch eine ganze Weile Lieferschwierigkeiten haben würde. Bob Albrecht präsentierte den Altair, den seine PCC in derselben Woche erhalten hatte.

Bereits das dritte Treffen des Homebrew zog mehrere hundert Menschen an, und die Veranstaltung zog an die Universität Stanford um, um den Ansturm bewältigen zu können. Lee Felsenstein wurde rasch zum Zeremonienmeister der Homebrew-Treffen, die sich zu einem unverzichtbaren Informationstauschmarkt entwickelten. Einer Reihe von Teilnehmern wurde klar, dass dies nicht mehr nur ein Hobby war, was hier verhandelt wurde, sondern dass hier eine Industrie entstand. Die Computerfans, die an den Treffen teilnahmen, waren nur die Spitze des Eisbergs. Im ganzen Land verbreitete sich die Begeisterung für die neuen Geräte, und ihre Anhänger wollten die Fähigkeiten der noch recht primitiven Grundbausteine ausreizen. Man brauchte Produkte, Läden, Zeitschriften, und all das entstand in den folgenden Monaten, am stürmischsten im Silicon Valley.

»Boys and their toys«

Auch wenn der politisch erfahrene Lee Felsenstein die Treffen des Homebrew Computer Clubs moderierte, hatten sie mit Politik nicht mehr viel zu tun. Einige der Pioniere aus den frühen 70er Jahre waren von der Technikfixiertheit der Hardware-Hacker geradezu abgestoßen. So sagte Ted Nelson, der Autor von »Computer Lib«, nach seinem ersten Homebrew-Treffen irritiert über die Teilnehmer: »Die Leute sind besessen von Computerchips, es war, als wäre man auf einem Treffen von Leuten, die Hämmer lieben.« Fred Moore, der Gründer des Homebrew, wendete sich irgendwann traurig ab, weil er nur mehr »Dollarzeichen in den Augen« sah und fand, die Hacker wären »verliebt in die Geräte selbst«. Jude Milhon, eine Programmiererin, die mit Felsenstein am »Community Memory«-Projekt gearbeitet hatte, war schockiert von der auf die Technik bezogenen Begeisterung der »Jungs mit ihren Spielzeugen«.

Was die politisch motivierten Hacker wie Felsenstein, Albrecht und Nelson Anfang der 70er vertreten hatten, war die Idee, Computer dadurch zum Wohl der Menschheit einzusetzen, dass man dieser Menschheit Zugang zu den Computern verschafft. Der Homebrew Computer Club zeigte, dass eine Hälfte dieser Idee – die entscheidende – gescheitert war: Der Homebrew bewirkte am Ende zwar tatsächlich, dass im Prinzip die ganze Menschheit Zugang zu Computern haben könnte. Dass sie dadurch schon zum Wohl der Menschheit wirken, erwies sich aber als Illusion.

Als ebenso illusionär stellte sich auch die Vorstellung heraus, das Prinzip der Offenheit, das den Homebrew prägte, könnte bestehen, wenn aus den privaten Enthusiasten Firmeninhaber werden. Der Erfolg des Homebrew, der sich in zahlreichen Firmengründungen niederschlug, entzog ihm zugleich seine Grundlage.

> »Hier war der Ursprung der PC-Industrie. Sie entstand nicht bei Texas Instruments, IBM oder Fairchild. Sie entstand unter Leuten am Rand, mit einer alternativen Vision.«
>
> Fred Moore, Gründer des Homebrew Computer Clubs. In: Freiberger/Swaine: Fire in the Valley, New York 1984

Die Hardware-Hacker der späten 70er Jahre waren nicht mehr politische Idealisten wie ihre Pioniere. Sie schufen durch ihre Begeisterung keine bessere Welt, sondern eine Milliardenindustrie.

Gründerzeit

Während die Hacker der 50er Jahre ihre Erfolge und Karrieren im akademischen Sektor feierten, war der typische Weg der Hardware-Hacker der 70er die Selbstverwirklichung durch Firmengründung.

Lasst tausend Firmen blühen

Der Bericht über die Probleme des plötzlich boomenden Unternehmens Mits, mit der großen Nachfrage nach dem Altair fertig zu werden, führte bereits in Folge des ersten Homebrew-Treffens zu einer Firmengründung. Bob Marsh, der gemeinsam mit Lee Felsenstein in einer Fabriketage in San Francisco lebte, sah in den Lieferschwierigkeiten des Herstellers ein Zeichen für den offensichtlich riesigen Bedarf an Geräten und Zubehör, der augenscheinlich noch nicht im notwendigen Umfang befriedigt werden konnte. Bereits auf dem dritten Homebrew-Treffen verteilte Marsh Flugblätter, auf denen seine neu gegründete Firma Processor Technology, kurz Proctech, Erweiterungskarten für den Altair anbot.

Proctech wurde zunächst ein großer Erfolg und ging später sogar dazu über, selbst Computer herzustellen. Den seinerzeit legendären Sol-Computer entwarf Lee Felsenstein selbst für seinen Freund Marsh. Doch es dauerte nur vier Jahre, und die inzwischen entstandene mörderische Konkurrenz kostete Proctech die Existenz. Michael Swaines Klassiker »Fire in the Valley«, in dem die Entstehung des Personalcomputers erzählt wird, berichtet über unzählige ähnliche Unternehmen, die aus dem Homebrew hervorgingen, mal erfolgreich wurden, in den meisten Fällen aber rasch vom Erdboden verschwanden.

Apple

Das Paradebeispiel für eine Firma, die die Hardware-Hackerszene hervorgebracht hat und die zugleich eine

---

»Keine andere Gruppe hat sich im selben Maße wie die Hacker erfolgreich aufgemacht, eine Technologie freizusetzen. Sie haben sich damit nicht nur gegen das aktive Desinteresse der amerikanischen Industrie gestellt, ihr Erfolg zwang die amerikanische Industrie letztlich sogar dazu, ihren Stil zu adaptieren. Indem sie das Informationszeitalter durch den Personalcomputer um das Individuum herum neu organisiert haben, haben die Hacker vielleicht sogar die amerikanische Wirtschaft gerettet.«
Stewart Brand, Gründer des »Whole Earth Catalog«. In: Steven Levy: Hackers, New York 1984

fulminante Erfolgsgeschichte wurde, ist Apple Computer. Seine beiden Gründer, Stephen Wozniak und Steve Jobs, hatten bereits Anfang der 70er Jahre an Studenten der Universität Berkeley Blue Boxes verkauft. Als der Homebrew Computer Club entstand, arbeitete Wozniak (Spitzname Woz) für den Computerhersteller Hewlett Packard und war dort mit seinem Vorschlag für einen Kleincomputer gescheitert.

Wozniak, der zu den 32 Teilnehmern des ersten Homebrew-Treffen gehörte, war gemäß jeder denkbaren Definition ein Hacker, wie er im Buche steht: technisch brillant, kreativ und verspielt, immer bereit, sein Wissen anderen mitzuteilen, sozial kompetent nur unter seinesgleichen.

Steve Jobs' technische Fähigkeiten hingegen waren eher mittelmäßig, obwohl er kein Laie war. Seine Stärke war, dass er eine Vision davon hatte, wie sich der Personalcomputer entwickeln würde, und dass er in der Lage war, andere mit dieser Vision mitzureißen und etwa seinem Kompagnon Wozniak eine Richtung zu geben, in die er gehen konnte. Gleichwohl fällt es schwer, ihn als echten Hacker zu sehen – Jobs war zwar ein begeisterter Propagandist des Computers, aber für ihn blieb die Technik doch nur ein Mittel zum Zweck.

> »Es war faszinierend zuzusehen, wie die [Homebrew Teilnehmer] plötzlich das Hemd wechselten. [...] Homebrew war immer noch anarchistisch: Die Leute fragten einen über die Firma aus, und man musste plötzlich antworten: ›Ich darf dir das nicht sagen.‹ Ich habe dieses Problem so wie viele andere gelöst: Ich bin nicht mehr hingegangen.«
> Dan Sokol. In: Steven Levy: Hackers, New York 1984

Stephen Wozniak und Steve Jobs, die Gründer von Apple, in Jobs' Garage

Als Wozniak an seinem ersten Computer bastelte, gründeten er und Jobs nach dem Vorbild der Homebrew-Hacker von Proctech ihre Firma: Apple Computer. Jobs verkaufte seinen VW-Bus und Wozniak seinen kostbaren HP-Taschenrechner, um das Startkapital zu beschaffen. Der Apple I wurde auf einem Homebrew-Treffen präsentiert und etwa 50-mal verkauft, aber da war Wozniak schon bei seinem nächsten Projekt: dem Apple II. Dieses Modell kombinierte Wozniaks technische Genialität und Jobs' Riecher für die Wünsche des Marktes. Es war der erste PC, der nicht aussah wie ein Infanteriefunkgerät, sondern ein elegantes Plastikgehäuse aufwies. Der Apple II wurde so etwas wie der VW Käfer der entstehenden PC-Industrie, er war viele Jahre lang das mit weitem Abstand meistverkaufte Modell, ja, praktisch synonym mit dem Konzept PC schlechthin. Auch der Apple Macintosh, der erste Computer auf dem Massenmarkt, der mit einer Maus und einer grafischen Benutzeroberfläche kam, war unter einigen Hackern beliebt, obwohl gerade seine leichte Bedienbarkeit dem Hackerprinzip widersprach, über die Maschine herrschen zu können.

Microsoft

»Ich habe anderthalb Jahre versucht, ohne Computer auszukommen – das Ende der neunten und die ganze zehnte Klasse. Ich habe wirklich versucht, normal zu sein, so gut ich konnte.«

Bill Gates, Gründer von Microsoft. In: Freiberger/Swaine: Fire in the Valley, New York 1984

Auch der Aufstieg der heute wichtigsten Firma der PC-Industrie überhaupt, der Softwareschmiede Microsoft, ist untrennbar mit dem Altair und den Computerfans des Homebrew Computer Clubs verbunden. Die Microsoft-Gründer Bill Gates und Paul Allen programmierten das erste Softwarepaket für den Altair: eine Version der Programmiersprache Basic, die die Grundlage für alle sinnvollen Funktionen des Pionier-Rechners bildete.

Allerdings verhielt sich Microsoft vollkommen anders als Apple. Apple war in seiner Gründungsphase auch personell eng mit den Hardware-Hackern verbunden, tauschte sich mit ihnen aus, teilte ihre Begeisterung für die Technik und schwappte auf der Welle dieser Begeisterung nach oben. Microsoft dagegen legte sich bereits kurz nach seiner Gründung mit den Hackern an, als im Februar 1976 Bill Gates in einem »Offenen Brief an

Computerhobbyisten« vorwurfsvoll schrieb: »Die meisten von euch stehlen ihre Software.« Der heute größte Softwarekonzern der Welt hat praktisch von Tag eins seiner Existenz an alles getan, um sich zum Erzfeind der Hacker zu machen und damit IBM diese Rolle abzunehmen.

Die Mitarbeiter von Microsoft, 1978

Die Intimfeindschaft von Hackern und Microsoft liegt auch in der Person Bill Gates begründet. Gates ist einerseits alles andere als ein glatter »Suit« (Anzug), wie die ebenfalls verhassten ahnungslosen Betriebswirte und Manager bei Hackern heißen. Er ist nicht nur ein Geschäftemacher, sondern von Kindesbeinen an ein fanatischer Computerfan gewesen und entspricht auch von seiner blassen, bebrillten äußeren Erscheinung her vielen Hackerklischees.

Trotzdem ist Gates kein Hacker, und das vor allem aus einem Grund: Was Gates von Anfang an abging, ist die soziale Komponente des Hackerdaseins. Gates hat sich nie bemüht, mit Hackern in Kontakt zu kommen, um die Stilfragen des Programmierens und des Hackerlebens haben sich weder er noch die Produkte seiner Firma je geschert. Im Gegenteil: Vor allem das Betriebssystem Windows entwickelte sich in den 90er Jahren geradezu zum direkten Gegenteil aller Werte, die unter Hackern zählen. Es gilt als unelegant, hässlich, aufgebläht, imperialistisch und von der Außenwelt abgeschottet.

Die Gründungswelle entzog dem gesamten Homebrew Computer Club die Grundlage. Die Teilnehmer wurden zu tatsächlichen oder potentiellen Konkurrenten, der freie Fluss der Informationen ebbte ab, der Club ging ein.

Kurze Geschichte der Hacker II

Der Chaos Computer Club

In Deutschland sind Hacker seit Anfang der 80er Jahre praktisch synonym mit dem Chaos Computer Club. Der CCC und sein Übervater Wau Holland haben dem Hacken in Deutschland eine sehr medienwirksame und vergleichsweise politische Note verliehen.

»Galaktische Vereinigung ohne feste Strukturen«

1981 trafen sich in der Redaktion der alternativen Berliner »tageszeitung«, am legendären ehemaligen Küchentisch der Kommune 1, eine Hand voll deutscher Computerfreunde. Sie waren dem Ruf des Initiators Wau Holland gefolgt und gründeten an diesem Tag den »Chaos Computer Club«. Der Selbstbezeichnung entsprechend, dauerte es weitere drei Jahre, bis die »galaktische Vereinigung ohne feste Strukturen« die erste Ausgabe ihrer Zeitschrift »Datenschleuder« in Hamburg herausbrachte. Im Januar 1984 war es so weit, und ab diesem Zeitpunkt war der CCC eine öffentliche Institution.

Es mag auf den ersten Blick verwundern, dass die zarten Keime der deutschen Hackerbewegung ausgerechnet bei der »tageszeitung« sprossen, dem Sprachrohr der notorisch technikfeindlichen deutschen Alternativbewegung. Zumal Anfang der 80er Jahre durch die Auseinandersetzung um die Volkszählung auch die Informationstechnik ins Zentrum der Kritik gerückt war. Doch Wau Holland, der rein äußerlich wie das Klischee eines Ökobauern wirkt, stand für zahlreiche, über die ganze BRD versprengte Alternative, die einen Unterschied machten zwischen Atom-, Chemie- und Waffentechnik auf der einen und Computern und Computernetzen auf

Zeitschrift des Chaos Computer Club, 1991

der anderen Seite. Ähnlich wie die Hardware-Hacker in der Nähe zur gegenkulturell geprägten Szene von San Francisco aufblühten, war auch in Deutschland die Alternativszene ein Nährboden für die Hacker.

Damit ist nicht gesagt, dass der CCC so etwas wie der Computer-Arbeitskreis der Grünen Partei gewesen wäre. Es gab zwar Beziehungen zwischen den Grün-Alternativen und dem CCC, aber letztlich standen sowohl gegenseitige Vorbehalte als auch unterschiedliche Ansichten einer dauerhaften Verbindung im Wege. Dasselbe galt für die traditionelle Linke, die zwar ein weniger gespaltenes Verhältnis zur Technik hatte, aber mit den Hackern schon aus kulturellen Gründen wenig anfangen konnte. Auch die deutschen Hacker waren eben zuallererst eins: Hacker.

Modems fürs Volk

In Deutschland hieß Hacker sein automatisch, einen Hauptfeind zu haben: die Deutsche Bundespost. Mit unflexiblen, durch strikte Gesetze untermauerten technischen Regeln behinderte die für die Telekommunikation zuständige Post unter anderem den freien Handel mit Modems und damit den größten Wunsch der deutschen Hacker: sich endlich in den Datennetzen tummeln zu können. Der CCC griff zur Selbsthilfe – in seiner ersten Publikation wurde als wichtigste Aufgabe für die nächste Zeit festgehalten: »Verbreitung von Bauanleitungen und Bausätzen für billige und universelle MODEMS«.

> »Wir verwirklichen so weit wie möglich das ›neue‹ Menschenrecht auf zumindest weltweiten freien, unbehinderten und nicht kontrollierten Informationsaustausch (Freiheit für die Daten) unter ausnahmslos allen Menschen und anderen intelligenten Lebewesen.«
>
> Der CCC stellt sich vor. In: Datenschleuder 1/Januar 1984

Der CCC entstand im Dunstkreis der deutschen Alternativbewegung, blieb aber stets außerhalb ihrer Strukturen. Als seine wichtigste Aufgabe verstand er zuerst, mehr Menschen Zugang zu den entstehenden Computernetzen zu verschaffen.

Reif für die Tagesschau: Der Btx-Hack

Der erste fernsehreife Hack des CCC richtete sich 1984 gegen ein Sicherheitsloch im Bildschirmtext Btx der Bundespost. Um die Existenz des Lochs zu beweisen, ließ sich der CCC 135 000 Mark gutschreiben – auf Kosten der Hamburger Sparkasse.

Der Urahn von T-Online: Bildschirmtext

1984 ging Deutschland noch nicht T-Online, sondern abonnierte den Bildschirmtext der Deutschen Bundespost. Dieser Onlinedienst war für heutige Begriffe umständlich, wenig leistungsfähig und teuer. Wer Btx haben wollte, dem installierte die Post eine geheimnisvolle Kiste (nichts anderes als ein Modem) zwischen Telefonleitung und Fernseher. Das Angebot war langsam und enthielt nur wenige attraktive Inhalte. Die einzigen wirklich populären Anwendungen, so stellte sich heraus, waren das Online-Banking und pornografische Angebote.

Der CCC machte sich vom Tag der Inbetriebnahme des neuen Dienstes an über die Post lustig. Obwohl die Hacker die künstlichen Beschränkungen verachteten, mit denen die Post das Btx-System zu einem spießigen Langweiler gemacht hatte, wurden sie rasch selbst ein Btx-Anbieter. Mit typischem Hackerhumor programmierten sie eine (gebührenpflichtige) Btx-Seite, die sich den langsamen Bildaufbau im Btx zunutze machte und eine Art primitiven Trickfilm ablaufen ließ, in dem wie in einem zeitgenössischen Videospiel Posthörner abgeschossen wurden.

Veränderte Nachrichten

Bedeutsamer als diese Scherze waren für die Allgemeinheit eine Reihe von Sicherheitslöchern, die der CCC entdeckte. Auf einer Fachtagung zum Thema Datensicher-

---

»Liebe Datenschützer, hiermit bestellen wir 1 Exemplar Datenschutzbericht.«
Text der ursprünglichen Btx-Mitteilung des CCC an den Hamburger Datenschutzbeauftragten

»Liebe Dateischeißer, hiermit bestellen wir 1000 Exemplare Datenschutzbericht.«
Nachträglich veränderter Text der Btx-Mitteilung

heit präsentierten sie einen Weg, das verplombte Btx-Modem der Post ohne sichtbare Beschädigung zu öffnen und durch Austausch eines Chips eine fremde Identität vorzutäuschen. Sie präsentierten dem Hamburger Datenschutzbeauftragten einen Weg, gesendete Btx-E-Mails im Nachhinein zu manipulieren. Die Post reagierte auf ihre Vorhaltungen mit Leugnen und Nichtbeachtung.

Datenüberlauf

Irgendwann entdeckten Wau Holland und Steffen Wernéry, der zweite wichtige Kopf des CCC in den 8oer Jahren, einen weiteren sicherheitsrelevanten Fehler im Btx. Wenn man eine Btx-Seite bis zum letzten Zeichen voll schrieb, dann führte das gewissermaßen dazu, dass die Seite »überlief« – auf dem Bildschirm erschienen zusammenhanglose fremde Daten. Holland und Wernéry experimentierten mit diesem Fehler herum, bis sie irgendwann an eine Benutzerkennung samt Passwort kamen: ausgerechnet die der Hamburger Sparkasse.

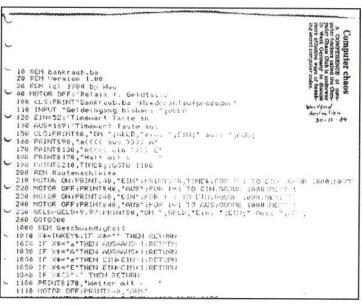

10 REM bankraub.ba
20 REM Version 1.00
30 REM (c) 1984 by Wau
40 MOTOR OFF: Relais f. Geldtaste

Die ersten Zeilen des Basic-Programms von Wau Holland, mit dem die Hamburger Sparkasse »überfallen« wurde.

Da die Post sich gegenüber ihren Hinweisen auf Systemfehler bislang immer als undankbar und ignorant erwiesen hatte, beschlossen sie, sich mit diesem Fehler direkt an die Öffentlichkeit zu wenden. Um zu demonstrieren, was man damit anrichten konnte, schrieb Holland ein kleines Programm, das die gebührenpflichtige CCC-Seite im Namen der Hamburger Sparkasse immer und immer wieder aufrief. Nach einer Nacht waren 135 000 Mark Gebühren zu Gunsten des CCC und zu Lasten der Sparkasse aufgelaufen. Das »heute journal« berichtete, die Hacker verzichteten öffentlich auf die Gebühren, und über Nacht war der Chaos Computer Club in allen Medien.

Das Ausreizen des Bildschirmtextes Btx durch den CCC zeigt die ganze Bandbreite der Hackerattitüde: vom spaßgeleiteten Rumprobieren bis zum öffentlichen Aufdecken von Sicherheitslöchern.

Aus Spaß wird Ernst: Der NASA-Hack

Der Bildschirmtext war nicht geeignet, das Interesse der Hacker länger zu fesseln. In der zweiten Hälfte der 80er Jahre bestand die interessanteste Herausforderung in der Erforschung der internationalen Datennetze.

Der Gesetzgeber reagiert

§ 202a StGB
[Ausspähen von Daten]
»Wer unbefugt Daten, die nicht für ihn bestimmt und die gegen unberechtigten Zugang besonders gesichert sind, sich oder einem anderen verschafft, wird mit Freiheitsstrafe bis zu drei Jahren oder mit Geldstrafe bestraft.«

Im Februar 1986 wurde aus der »galaktischen Vereinigung ohne feste Strukturen«, als die sich der Chaos Computer Club zwei Jahre zuvor vorgestellt hatte, ein ordentlicher eingetragener Verein. Im August desselben Jahres schloss der Gesetzgeber die Lücke, die zuvor im deutschen Strafrecht geklafft hatte: Computersabotage und Datenveränderung wurden als besondere Varianten der Sachbeschädigung in das Strafgesetzbuch aufgenommen.

Damit standen Hacker bereits bei Aktionen, die sie für unproblematisch hielten, mit einem Bein im Gefängnis. Der CCC wurde in einigen solcher Fälle auch zum Ansprechpartner für Hacker, die plötzlich Angst vor der eigenen Macht bekamen. Der Club behielt dabei immer seine Strategie bei, mit den Fällen an die Öffentlichkeit zu gehen.

Sprungbrett in den Cyberspace

Während die Post für den Privatkunden den Bildschirmtext eingeführt hatte, betrieb sie parallel schon längst das Datennetz Datex-P. Es wurde vor allem von Firmen genutzt und ähnelte in mancher Hinsicht dem späteren Internet.

Für den Laien war Datex-P unattraktiv – man musste schon wissen, was und wohin man wollte, wenn man sich hier umtat. Das allerdings war für die Hacker die geringste Frage. Was sie wollten, war klar. Sie wollten in den Großrechnern von Forschungseinrichtungen und Firmen herumstöbern, eine Tätigkeit, für die der Schriftsteller Peter Glaser, selbst CCC-Mitglied der ersten Stunde, die Metapher »Datenreisen« prägte.

Die populärsten Großrechner unter den Datenreisenden waren die Vax/VMS-Rechner der Firma DEC. In dem Betriebssystem der »Vaxen« gab es eine Reihe bekannter Schwachstellen, die den Hackern immer wieder als Eintrittspforte dienten. So konnte man sich zwar nur als registrierter Nutzer mit seinem Passwort auf den Rechnern anmelden – doch standardmäßig war ein Nutzer »system« mit dem Passwort »manager« eingetragen, und diese Einstellung wurde aus Bequemlichkeit und Nachlässigkeit oft nicht geändert. Zwar waren nicht alle Systemverwalter so nachlässig – doch diese Hintertür war bei weitem nicht die einzige. Einmal drin, konnte ein Vax-Hacker mit ein paar ebenfalls weithin bekannten Tricks eigene Konten einrichten und sich im Übrigen nach Herzenslust auf den Maschinen austoben. Besonders beliebt bei Hackern waren die zahlreichen Vax-Rechner des Forschungszentrums CERN in Genf, das eine gewisse Zeit lang als Hackerschule Europas galt.

§ 303a StGB
[Datenveränderung]
»Wer rechtswidrig Daten löscht, unterdrückt, unbrauchbar macht oder verändert, wird mit Freiheitsstrafe bis zu zwei Jahren oder mit Geldstrafe bestraft.«

Neugier und Reiz der Macht

Wenn die Hacker einmal auf den Maschinen heimisch waren, stellte sich natürlich die Frage, was sie damit anfangen sollten. Was gibt es auf dem Rechner eines

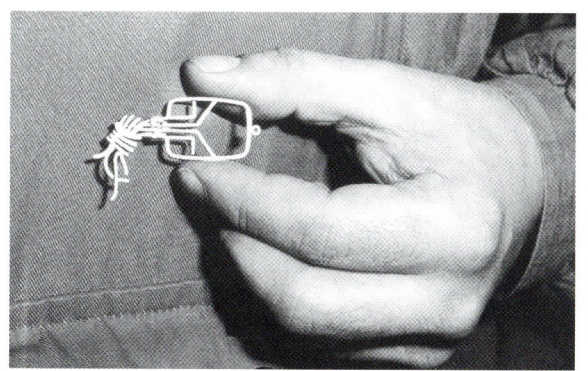

Das Signet des CCC variiert das Logo des deutschen Kabelfernsehens.

**303b StGB
[Computersabotage]**
»Wer eine Datenverarbeitung, die für einen fremden Betrieb, ein fremdes Unternehmen oder eine Behörde von wesentlicher Bedeutung ist, dadurch stört, dass er [Daten verändert oder] eine Datenverarbeitungsanlage oder einen Datenträger zerstört, beschädigt, unbrauchbar macht, beseitigt oder verändert, wird mit Freiheitsstrafe bis zu fünf Jahren oder mit Geldstrafe bestraft.«

Kernforschungszentrums Interessantes zu sehen? Zum Teil war die Faszination vielleicht vergleichbar mit der, die bis heute selbst ganz normale Menschen ergreift, wenn sie zum ersten Mal das Internet entdecken – das ungläubige »Ich bin drin«, mit dem heute Boris Becker für den Onlinedienst AOL wirbt. Auf den Rechnern der Forschungseinrichtungen, Universitäten und Firmen gab es allerhand interessante und lustige Dokumente zu lesen, wie heute auch im World Wide Web.

Doch die Vorstellung, dass die »Vaxbusters«, wie sich ein elitärer Teil der CCC-Hacker nannte, die Rechner knackten, um sich dann wie eifrige Streber in Thesenpapiere von Astrophysikern zu vertiefen, wäre sicher etwas naiv. Ebenso naiv ist es allerdings zu glauben, die Hacker hätten auf diesem Wege an wirklich sicherheitsrelevante Daten kommen können.

Die Hacker, die in den 8oer Jahren Datenreisen unternahmen, berichten übereinstimmend von dem Thrill der Macht, den sie verspürten, wenn sie sich auf den Rechnern bewegten, als wären es die eigenen. Mehr als ein Hacker konnte der Versuchung nicht widerstehen. Es gab Fälle, in denen schlecht gelaunte Hacker Systemadministratoren von ihren eigenen Computern herunterwarfen. In jener Zeit fügte der CCC die Regel »Mülle nicht in fremden Daten herum« zur Hackerethik hinzu.

In der Regel waren es freilich eher Vernunft und gesunder Menschenverstand, der die Hacker dazu brachte, sich möglichst unauffällig zu verhalten – schließlich setzte man damit nicht zuletzt den großartigen Spielplatz aufs Spiel, den das gerade entstehende und wachsende Computernetzwerk bot. Als die Liste der Rechner, auf denen sich die Hacker herumtrieben, immer länger wurde und plötzlich Organisationen wie die Raumfahrtbehörde NASA auf ihr auftauchten, da bekamen einige kalte Füße und wendeten sich an Wau Holland und Steffen Wernéry, den CCC-Vorstand.

> »Seit spätestens '84 geben sich die Hacker bei CERN die Klinke in die Hand. Das CERN-Netzwerk hat vielleicht fünfzig Vax-Rechner von Digital Equipment, so viele findet man selten auf einem Haufen. Hacker lieben Vaxen ebenso sehr, wie sie IBM-Rechner verachten.«
> Ein Hacker. In: »Die Zeit«, 23.10.1987

138 geknackte Computer

Die Öffentlichkeit staunte nicht schlecht über die Liste der Rechner, die der CCC am 15. September 1987 im TV-Magazin »Panorama« präsentierte. An der Spitze die NASA, auf den folgenden Plätzen Einrichtungen wie die europäische Raumfahrtagentur ESA, das CERN, Universitäten auf der ganzen Welt. Der CCC hatte im Vorfeld der Veröffentlichung bereits mit dem Computerhersteller DEC Kontakt aufgenommen, um ihm Gelegenheit zu geben, die Löcher in seinem Betriebssystem zu schließen und die Kunden darüber zu informieren.

Wenig beeindruckt von diesem konstruktiven Herangehen zeigte sich allerdings das Bundeskriminalamt, das zwei Wochen später die Wohnungen von Wau Holland und Steffen Wernéry durchsuchte, obwohl die beiden gar nicht an der Aktion beteiligt gewesen waren. Und noch ein halbes Jahr später wurde Wernéry auf dem Weg zu einer Fachtagung in Paris, wo er über den Fall hätte berichten sollen, von der französischen Polizei für 66 Tage festgenommen, weil unter den gehackten Rechnern auch der einer französischen Firma gewesen war.

Die Zeit der harmlosen Tricks und Scherze war mit dem NASA-Hack Vergangenheit. Das sollte sich eineinhalb Jahre später noch deutlicher zeigen, als wieder deutsche Hacker verhaftet wurden.

Hacken für den KGB

Während sich die Öffentlichkeit noch mit dem NASA-Hack beschäftigte, lief im Hintergrund längst eine viel ernstere Geschichte. Eine kleine Gruppe innerhalb der Vax-Hacker verkaufte ihre Fundsachen an den sowjetischen Geheimdienst KGB.

»Ich möchte mit dem KGB sprechen«

Die Geschichte des KGB-Hackers Karl Koch wurde 1998 unter dem Titel »23« von dem deutschen Regisseur Hans-Christian Schmid verfilmt. Das Buch zum Film (»23. Die Geschichte des Hackers Karl Koch«, München 1999) enthält zahlreiche Interviews mit den damals beteiligten Personen.

Im Laufe der Jahre 1985 und 1986 entstand bei einer Gruppe von fünf jungen Männern in Hannover und Berlin die Idee, die Ergebnisse ihrer Datenreisen an den KGB zu verkaufen. Hagbard, Pengo und Urmel waren die Hacker in dem Quintett, die sich über den CCC und ihre Vax-Ausflüge kennen gelernt hatten. Nummer Vier ging unter dem Namen Dob, war selbst Programmierer und trieb sich in der Hannoveraner Hackerszene herum, verstand sich aber nicht als Hacker. Er und sein Freund Pedro, Nummer Fünf, waren tendenziell die Organisatoren und Anstifter bei der Aktion. Pedro war es, der aus der vagen Idee Realität machte: Er sprach kurz entschlossen in der sowjetischen Botschaft in Berlin/DDR vor, verlangte den KGB und bot die Zusammenarbeit an. Nach Prüfung einer Testlieferung ging der Geheimdienst auf das Angebot ein.

Die Hacker wanderten weiter auf den üblichen Wegen in den Datennetzen, konzentrierten sich aber – den Wünschen ihres Kunden gemäß – auf US-amerikanische Forschungslabors mit bekannten oder vermuteten Beziehungen zum Militär. Die Sowjets waren zum Beispiel an Dokumenten über die »Strategic Defense Initiative« (SDI) interessiert, ein militärisches Raumfahrtprogramm des damaligen US-Präsidenten Ronald Reagan, mit dem sich die USA vor den Atomraketen des Warschauer Vertrags schützen wollte.

Hacker vs. Hacker

Einer der Rechner, die Hagbard, Urmel und Pengo bei ihren Datenreisen als Zwischenstation nutzten, stand im Lawrence Berkeley Laboratory in Kalifornien. Dort hatte gerade ein Astrophysiker mangels besser geeigneter Alternativen einen Job als Systemadministrator begonnen: Clifford Stolls erster Auftrag im neuen Job war es, die Abrechnung der Computerzeiten zu überprüfen. Er fand einen unerklärlichen Differenzbetrag von 75 Cent.

In eigentümlichem Kontrast zu Stolls Selbstdarstellung als strubbeliger Hippie-Hacker war es pure Prinzipienreiterei, die ihn daran hinderte, die 75 Cent 75 Cent sein zu lassen. Die Analyse der Fehlbuchung brachte ihn auf die Spur der deutschen Hacker. Stoll hat seine Version der Jagd in seinem Buch »Kuckucksei« dargestellt: Er kreiste die drei Deutschen auf recht einfallsreiche Weise immer weiter ein und informierte schließlich das FBI über die Ergebnisse seiner Recherchen.

Da die Spur nach Deutschland führte, bat das FBI das Bundeskriminalamt um Hilfe. Eine Fangschaltung wurde eingerichtet, und Stoll legte einen Köder aus, damit die Hacker lange genug online blieben, um den Einwahl-

Vax Busters International »war nur ein Markenzeichen, kein fester Verein. Die besten der Vax-Hacker – jedenfalls glaubten wir, die besten zu sein.«

Pengo. In: »23«

Clifford Stoll, der Systemadministrator, der 1988 die deutschen KGB-Hacker aufspürte

punkt zurückverfolgen zu können. So ging 1987 Urmel ins Netz der Fahnder.

Im Juni des gleichen Jahres, noch bevor der NASA-Hack Schlagzeilen machte, durchsuchte das BKA Urmels Wohnung und Arbeitsplatz. Die ungeschickt agierenden Fahnder fanden allerdings nichts Belastendes. Da sie keine richterliche Genehmigung für die Fangschaltung gehabt hatten, wurden die Ermittlungen offiziell wieder auf Eis gelegt.

Sensationsgeile Medien

Im Gegensatz zu dem vom Chaos Computer Club öffentlich gemachten NASA-Hack drang von diesen Vorgängen nichts an die Öffentlichkeit. In der Hackerszene machten allerdings Gerüchte die Runde. Journalisten mit Kontakten in die Szene witterten eine große Story. Sie erwischten Hagbard in einer schwierigen persönlichen Phase und überredeten ihn dazu, vor der Kamera ein paar seiner Hacks vorzuführen. Der mit Drogenproblemen kämpfende, verzweifelte Hagbard offenbarte schließlich seine (inzwischen eingestellte) Tätigkeit für den KGB zunächst den Journalisten und dann dem Bundesamt für Verfassungsschutz. Kurz danach gestand auch Pengo die Spionagetätigkeit.

Am 1. März 1989 flog die Gruppe, die schon seit fast zwei Jahren nicht mehr aktiv gewesen war, endgültig auf. Das BKA durchsuchte 14 Wohnungen in der ganzen BRD und Westberlin. Die beiden Kronzeugen Hagbard und Pengo blieben auf freiem Fuß, Urmel wurde nach kurzer Inhaftierung ebenfalls freigelassen. Das TV-Magazin »Panorama«, für das die Journalisten arbeiteten, die seit Monaten an Hagbards Fersen und Lippen hingen, sendete am selben Tag seinen Beitrag und sprach vom »schwersten Spionagefall seit der Enttarnung des Kanzleramtsagenten Günther Guillaume«.

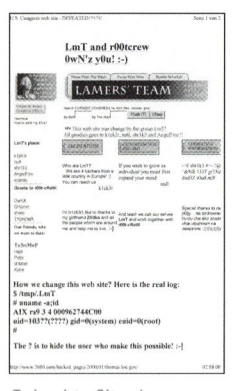

Gehackte Site des US-Kongresses

Wenige Wochen später wird Hagbard, mit bürgerlichem Namen Karl Koch, in einem Wald in der Nähe von Hannover verbrannt aufgefunden. Die Umstände des Todes bleiben mysteriös, einige seiner Bekannten und

Freunde zweifeln bis heute daran, dass Hagbard Selbstmord begangen hat. Sowohl der CCC als auch Freunde machen in Todesanzeigen den Druck durch »Staatsschutz und Medien« für den Tod verantwortlich.

Urteile und Motive

Die Bewährungsurteile, die gegen Urmel, Dob und Pedro im Januar 1990 ergingen, deckten sich kaum mit der »Panorama«-Darstellung als gigantischem Spionageskandal. Der Richter stellte in seinem Urteil fest, dass die Gruppe zwar Spionage betrieben hätte, aber kein nachweisbarer Schaden für die BRD oder die USA entstanden sei.

Den CCC stieß der Fall dennoch in eine tiefe Krise. Wau Holland vertrat die Auffassung, wer sich mit Geheimdiensten einlasse und dafür auch noch Geld nehme, habe sein Recht als Hacker verloren. In einem Interview zehn Jahre danach räumt er ein: »Ich habe […] einen sehr großen Fehler gemacht, weil ich gesagt habe: ›Zu solchen Leuten sollte man einfach die Kommunikation abbrechen, da ist Schluss.‹ Im Rückblick würde ich sagen, das ist absolut von Übel.«

Es gab wohl niemanden im CCC, der die Aktion verteidigte. Eine Reihe von Hackern aus der jüngeren Generation konnte jedoch die Versuchung nachvollziehen, der die drei Hacker nachgegeben hatten, und hielt es für falsch, ihnen nun mit Verweis auf ihren Verstoß gegen den Hackerkodex die Unterstützung aufzukündigen.

> »Jeder im Computer-Untergrund kann sich mit Clifford Stolls Obsession und Geduld identifizieren, mit der er versuchte, die KGB-Hacker in einem Labyrinth internationaler Netze und Computersysteme aufzuspüren. Aber Stoll übersieht die offenkundige Ähnlichkeit, die er mit diesen Verdammten hat.«
>
> J. Thomas über Clifford Stolls »Kuckucksei«. In: »Computer Underground Digest« 1(6)

Der KGB-Hack markierte für den CCC eine schwere Krise des Selbstverständnisses, die durch einen Generationenwechsel gelöst wurde. Die Gründer Holland und Wernéry zogen sich aus dem Vorstand des Clubs zurück.

Der CCC in den 90er Jahren

In den 90er Jahren wurde die Notwendigkeit politischer Maßnahmen zur Regulierung der Informationstechnik immer offensichtlicher. Der CCC etablierte sich als Lobbyorganisation.

Interessenvertretung der Hacker

Trotz der Krise, die der KGB-Hack ausgelöst hatte, fing sich der CCC wieder und verfolgte weiter seine Doppelstrategie: Er blieb der Anlaufpunkt für Hacker in Deutschland und etablierte sich zudem als Politikberatung für Fragen der Informationsgesellschaft. Sein Sprecher Andy Müller-Maguhn wurde zum Stammgast bei Hearings des Bundestags zu Gesetzesvorhaben, zum in den Medien gefragten Experten in allen Fragen der Computersicherheit, und sogar die Post-Erbin Telekom ging dazu über, die Hacker konzilianter zu behandeln.

Die Popularisierung des Internet hatte die Computerlandschaft grundlegend verändert. Was Ende der 8oer Jahre noch das halblegale Vergnügen einer Elite war, gehört zehn Jahre später zur Alltagsbeschäftigung von Millionen: Aus dem Vax-Busting wurde das profane Surfen im Internet.

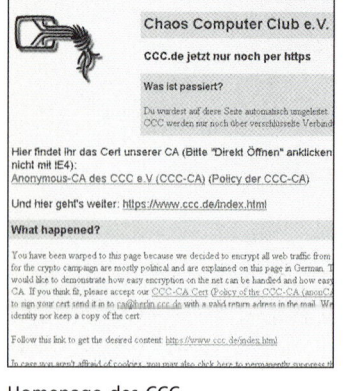

Homepage des CCC

Ende 1998 zeigte sich auf tragische Weise, wie sich die Bedingungen für Hacker verändert hatten. Fast zehn Jahre nach dem Auffliegen der KGB-Connection wurde der Tod von Karl Koch alias Hagbard plötzlich wieder zweifach aktuell. Der Filmemacher Hans-Christian Schmid hatte aus dem Leben Hagbards einen Kinofilm gemacht und damit die alten Diskussionen im CCC noch einmal auf die Tagesordnung gebracht. Und zufällig kam der Streifen mit dem Titel »23« in die Kinos, als ein weiteres CCC-Mitglied unter mysteriösen Umständen zu Tode kam.

Tron

Tron, alias Boris F., wurde im Oktober 1998 mit einer Schlinge um den Hals an einem Baum hängend in Berlin-Neukölln gefunden. Wie Hagbard hatte er in einem hoch sensiblen Sektor gehackt – doch in den letzten zehn Jahren hatte sich das Umfeld komplett geändert. Die Schlachten des Kalten Krieges waren geschlagen, die kommerziellen Nutzer der Informationstechnik längst tonangebend.

Berühmt wurde Tron für seine Arbeiten mit Chipkarten jeder Bauart. Seine Manipulation der Telefonkarte der Deutschen Telekom brachte ihn 1995 in Untersuchungshaft und in der Folge in Kontakt mit dem CCC, der sich bemühte, Trons Aktivitäten so zu kanalisieren, dass er nicht weiter in Konflikt mit dem Gesetz kam. Auf CCC-Kongressen präsentierte Tron Hacks von Pay-TV-Karten; an dem Nachweis der Unsicherheit von Chipkarten in Mobiltelefonen, den der CCC führte, war er entscheidend beteiligt.

Tron tummelte sich nicht so sehr auf dem Gebiet von Militär oder Geheimdiensten. Chipkarten sind vielmehr die Domäne einer milliardenschweren Industrie – mit einem Wurmfortsatz illegaler Unternehmen aus dem Bereich der organisierten Kriminalität, die mit gefälschten und gehackten Karten Handel treiben. Unterm Ladentisch von Kiosken, TV- und Telefonhändlern wird in ganz Europa mit Karten gedealt, die niemals wertlos werden. Trons Verwicklung in diese Interessenlage machen viele für seinen Tod verantwortlich – und wieder bezweifeln manche die Selbstmordthese der Polizei.

> »Der Jahresbericht, den das CCC-Präsidium präsentierte, würde beim Verband der Blechdosenindustrie kaum anders ausfallen: Für die digitalen Lobbyisten war 1997 offensichtlich eine einzige Folge von Einladungen zu illustren Treffen mit Regierung und Industrie, ab und an unterbrochen von Stellungnahmen zu aktuellen Sicherheitsproblemen.«
>
> Bericht über den CCC-Kongress. In: Süddeutsche Zeitung, 30.12.1997

Anders als im Fall der KGB-Hacker gab es nach Trons Tod im CCC keinen Streit, sondern blanke Angst. »Es ist schon beunruhigend, wenn einer wegen seiner technischen Fähigkeiten zu Tode kommt«, fasste CCC-Sprecher Frank Rieger die Stimmung zusammen.

Der Chaos Computer Club

Die Schmuddelkinder: Demos, Warez und Viren

Die 90er Jahre brachten die weitere Popularisierung des Personalcomputers und des Internet. In der Hackerszene löste dies zwei Tendenzen aus: die ökonomisch bedeutsame Entstehung der Freie-Software-Industrie um das Betriebssystem Linux und eine neue Subkultur innerhalb der Subkultur.

Demos, Warez, Viren – die Schmuddelkinder der Hackerszene

Namen von aktuellen Hackergruppen

Abyss, Agony, Blackout, Cult of the dead Cow, Crux & Bad Karma, Darkness, Demolution, Donut Fetish, Doomsday, Flood, L0pht, Mode 19, N.o.i.s.e, Paranoids, Ram Jam, Swiss Cracking Association, Teklords, Underground Empires, Zero Defects

In den 8oer Jahren mokierten sich die Hacker der alten Schule über ihre Nachfolger, die angeblich keine einfallsreichen Programmierer mehr waren, die Hackerethik mit Füßen traten und nur in Computer eindringen wollten. In den 90ern tun es ihnen manche der ehemals selbst als »jugendliche Delinquenten« Gebrandmarkten gleich: Sie führen heute Klage über die so genannten »Script Kiddies«, eine abschätzige Bemerkung, mit der wiederum das schlimmste Verdikt ausgesprochen wird, das einem Hacker widerfahren kann: dass er in Wirklichkeit nicht programmieren kann.

Der Teil der Hackerszene, gegen den sich solche Beleidigungen richten, fühlt sich mit diesem Bad-Boy-Image indes gar nicht so unwohl und integriert es in die eigene Selbstdarstellung. Zu den popkulturellen Vorbildern, die sich in den Pseudonymen und Gruppennamen widerspiegeln, gehören Punk, Heavy Metal, Grunge und Hip-Hop.

Logo L0pht.com

Computerviren – kleine Programme, die reguläre Software »infizieren« – tragen diese Bezeichnung nicht nur deshalb zu Recht, weil sie sich wie ein Virus verhalten. Auch die zuweilen an Hysterie grenzende Angst, die sie bei potentiell Betroffenen erzeugen, ähnelt der, die ihre biologischen Namensvettern verbreiten. Davon unbeeindruckt, beschäftigt sich eine eigene Szene mit dem Schreiben von Viren. Auf einen prominenten Virenautor, einen New Yorker Hacker namens Hellraiser, geht ein anderer treffender Vergleich zurück: »Viren«, verriet er dem amerikanischen Magazin »Wired« 1995, »Viren sind die digitale Form von Graffiti.«

Derselbe Vergleich mit Graffiti ist auch auf eine andere Form von autonomen Programmen angewendet worden: die so genannten Demos. Demos sind kleine selbst geschriebene Computeranimationen, um die herum sich ebenfalls eine Gemeinde gebildet hat, die freilich wesentlich offener auftritt als die Virenszene. Demos kamen ursprünglich aus der Warez-Szene: Dort wurden geknackten Spielen und Programmen Intros vorgeschaltet, kleine Vorfilme, die zugleich als ein Autogramm des erfolgreichen Knackers dienen konnten. Diese Kunstform verselbständigte sich und wird bis heute auf großen Partys mit Wettbewerben gepflegt.

Auch um die so genannten Warez, geknackte Programme und Spiele, hat sich eine eigene Szene gebildet. Obwohl es auch hier einen professionellen Arm gibt, der die Programme auf dem Schwarzmarkt verkauft, hat die eigentliche Warez-Szene eher ein sportliches Interesse: Das Ziel ist, ein kommerzielles Programm als Erster geknackt zu haben, egal, ob man es selbst braucht oder verwenden will.

> Anders als ein Virus ist ein »Wurm« ein Programm, das sich selbst repliziert. Der Student Robert Morris startete 1988 versehentlich den »Internet Wurm« und legte damit praktisch das gesamte damalige Internet lahm. Nach Auffassung der Jargon File »hat der ›Internet-Wurm‹ mehr zur Beunruhigung von Nichthackern über das Internet beigetragen als alles davor oder seitdem«.

Die in Europa populäre Demoszene ist jung und wesentlich stärker von Immigranten geprägt als die traditionelle Hackerszene. Dass manche »alten« Hacker derlei kindisch und nicht ernst zu nehmend finden, mag auch damit zu tun haben.

Linux – der Triumph der Hackerethik

Aus dem Blickwinkel der Hacker alter Schule gesehen, ging es bis Mitte der 90er Jahre mit dem Handwerk des Hackens bergab. Doch die Bewegung um das freie Betriebssystem Linux, die der Finne Linus Torvalds initiierte, brachte plötzlich wieder echte Programmierer zur Hackerethik.

Der Letzte Wahre Hacker

Steven Levys Heldenepos »Hackers« schließt mit einem etwas melancholischen Porträt des Programmierers Richard Stallman, der Anfang der 80er Jahre damit scheiterte, am AI Lab des MIT die Hackerethik zu retten. Stallman, den Levy den »Letzten Wahren Hacker« nennt, verstand darunter vor allem ein Ziel: zu verhindern, dass Software eine Ware wurde, die weder frei kopiert noch frei modifiziert werden darf. Stallman nannte die Praxis, die scheinbar unweigerlich zur Regel wurde, den Quellcode von Computerprogrammen gegen Zugriffe von außen abzuschotten, faschistisch.

Stallman, Autor eines legendären freien und offenen Texteditors namens Emacs, scheiterte zwar am MIT, doch er machte die Forderung nach Freier Software zu seinem Lebensinhalt. Er gründete die Free Software Foundation und widmete sich seit 1984 vornehmlich dem Ziel, ein freies Betriebssystem namens GNU zu entwickeln, eine Abkürzung, die bedeutet: »GNU's Not Unix«, und die in ihrer Selbstbezüglichkeit ein typischer Hackerscherz ist.

Stallmans Forderung nach Freier Software ist dabei nicht gleichzusetzen mit der Forderung nach kostenloser Software, im Gegenteil. Freie Software in Stallmans Definition darf durchaus etwas kosten. Frei ist sie in dem Sinne, dass sie »die Erlaubnis für jeden und jede ein-

---

»Copyright (C) 1996, 1997, 1998, 1999 Free Software Foundation, Inc. Verbatim copying and distribution of this entire article is permitted in any medium, provided this notice is preserved.«

»Copyleft«-Notiz auf den Web-Seiten der Free Software Foundation

schließt, sie zu verwenden, zu kopieren und weiterzuverteilen, entweder in identischer Form oder mit Modifikationen«. Die von der Free Software Foundation empfohlene Lizenz wird auch »Copyleft« genannt. »Denken Sie an ›frei‹ wie in Redefreiheit, nicht wie in Freibier«, erklärt Stallman gerne.

»The Cathedral and the Bazaar«: So lautet der Titel eines einflussreichen Essays, den Eric S. Raymond, ein respektierter Hacker-Autor, 1997 über »Open Source«-Software schrieb.

http://www.tuxedo.org/~esr/writings/cathedral-bazaar/

Offene Quellen

Obwohl viele Stallmans Ansatz interessant und sympathisch fanden, führte die Bewegung für Freie Software doch ein Jahrzehnt lang ein Mauerblümchendasein. Zu mächtig, so schien es, waren die Interessen der Softwareindustrie, als dass es wieder einen Weg zurück in die Zeit geben könnte, in der alle völlig selbstverständlich ihre Programme teilten.

Doch je populärer und umfangreicher das Internet wurde, desto wichtiger wurde eine ganze Reihe von Programmen aus allen möglichen Ecken, die offen waren oder sogar frei im Stallman'schen Sinne. Ob E-Mail oder Worldwide Web, überall lief plötzlich »Open Source«-Software, teils in Ermangelung einer kommerziellen Alternative, teils weil die Programme einfach besser waren, gestählt durch jahrelangen Gebrauch verbunden mit kollektiver Fehlersuche und -beseitigung.

Zur Krone dieses anwachsenden Trends wurde aber das Projekt des finnischen Informatikstudenten Linus

Torvalds, der seit 1990 auf den Schultern von GNU ein Unix-Betriebssystem mit dem Titel Linux programmierte. Tausende Programmierer beteiligen sich seit Jahren an der Weiterentwicklung des Systems, das mittlerweile in vielen Einsatzbereichen schon den Status eines Standards erreicht hat.

Linux wurde zum Fundament eines gewissermaßen fortschrittlichen Rückschritts in die Frühzeit der Computerprogrammierung. Eric Raymond, der eloquenteste Propagandist der Open-Source-Bewegung, nennt es »wahrscheinlich die reinste Kristallisation der Hackerethik und eine bemerkenswerte Demonstration der Fähigkeit des Netzes, neue Formen kreativer Zusammenarbeit zu beherbergen«.

Kathedrale und Bazar

Der erstaunliche Erfolg von Linux und anderer Open-Source-Software bei professionellen Anwendern ist freilich nur in seltenen Fällen darauf zurückzuführen, dass sie die Philosophie dahinter teilen; tatsächlich werden die Programme ja auch von Firmen eingesetzt, die ganz anderen Prinzipien verpflichtet sind. Doch immer mehr Anwender lernten die Möglichkeiten zur individuellen Anpassung zu schätzen, die diese Programme bieten. Und es erwies sich, dass die höhere Qualität von Linux, verglichen mit kommerziellen abgeschlossenen Programmen, vielleicht etwas mit der Organisation seiner Entwicklung zu tun hat.

Für das unterschiedliche Vorgehen bei der Software-Entwicklung prägte wiederum Eric Raymond die Metapher von »Kathedrale und Bazar«. In der Kathedrale der traditionellen Software-Entwicklung, so Raymond, werde geheim und zentral gesteuert entwickelt, wohingegen auf dem Bazar der Freien Software jeder

Wichtige Linuxfirmen an der US-Technologiebörse Nasdaq:		
Name	Sektor	Börsenwert (Juli 2000)
Redhat	Distribution	3,3 Mrd. $
VA Linux	Hardware	1,5 Mrd. $
Cobalt	Software	1,5 Mrd. $
Silicon Graphics	Hardware	700 Mio. $
Caldera	Distribution	450 Mio. $
Corel	Software	240 Mio. $

etwas beitragen könne und das Beste dann genommen werde. Dieser freie und offene Austausch produziere zwangsläufig die bessere Software.

Linux ist untrennbar verknüpft mit dem Internet, das neben dem PC zweite große Produkt der Hackerkultur. 1999 verwendeten ein Viertel aller Internetserver Linux als Betriebssystem, und ohne das weltweite Datennetz wäre die Arbeitsweise, die Linux so erfolgreich gemacht hat, praktisch nicht durchführbar.

Politische Hoffnungen

Der Siegeszug der Open-Source-Bewegung hat der Hackerethik zu einem kaum noch für möglich gehaltenen Triumph verholfen. Insbesondere im ewigen Kampf gegen den Hacker-Erzrivalen Microsoft, die Firma, die wie keine zweite für das Gegenteil von Open Source steht, wirkt diese Entwicklung wie die späte Rache der Hacker für den »Offenen Brief«, mit dem Bill Gates den Hardware-Hackern 1976 vor den Bug schoss. Es ist allerdings bislang nicht ausgemacht, wie nachhaltig diese Entwicklung ist. Zahlreiche kommerzielle Firmen haben sich mittlerweile dem Linux-Geschäft verschrieben, und die Möglichkeit, dass das Pendel wieder in die andere Richtung ausschlägt, ist immer noch gegeben.

Zudem ist es zwar gesellschaftlich zu begrüßen, wenn technische Standards offen diskutiert werden können. Hinter solchen scheinbar rein sachbezogenen Diskussionen verbergen sich immer auch Machtinteressen und Abhängigkeiten, die durch das Open-Source-Prinzip wenigstens öffentlich gemacht werden können. Es wäre jedoch ein Irrtum anzunehmen, dass die »Bazar«-Form der technischen Entwicklung automatisch demokratischer sei als die der Kathedrale.

:Halloween Dokumente:

»Zwei interne Strategiepapiere von Microsoft, die [Eric Raymond] Ende 1998 zugespielt wurden und die jedermanns Paranoia über das aktuelle Reich des Bösen bestätigten. Die Dokumente lobten die technische Exzellenz von Linux und arbeiteten eine Gegenstrategie [für Microsoft] heraus.«

Jargon File 4.2.0

Der Erfolg der Open-Source-Bewegung ist ein später Triumph der Hacker – vor allem über ihren Erzrivalen Microsoft. Wie nachhaltig dieser Triumph ist, wird man allerdings erst in ein paar Jahren sehen.

Das Phänomen »Hacker«

Das Phänomen »Hacker« existiert seit rund 40 Jahren. In dieser Zeit haben sich die Formen, in denen Hacker auftraten, permanent geändert. Es gab nie *die* Hacker, stets waren sie geteilt in unterschiedliche, zum Teil einander feindlich gesinnte Kulturen und Szenen.

Die Kultur der Hacker

Obwohl in diesem Buch nur Splitter und Aspekte der Geschichte und Kultur der Hacker beschrieben werden konnten, haben die Beispiele hoffentlich einen Eindruck von der Vielfalt des Phänomens vermittelt: studentische Zirkel an Eliteschulen, die sich die ersten Minicomputer unter den Nagel rissen und die Grundlagen für das Internet legten; linke Aktivisten, die das Stehlen von Telefonanrufen als politische Taktik verfolgten; die kriminalisierte Szene der Phone Phreaks, die sich auf den Vermittlungsrechnern der Telefongesellschaften austoben; die Hippie-Hacker der amerikanischen Westküste, die mit einem politischen Auftrag starteten und schließlich die PC-Industrie gebaren; der deutsche Hackerclub CCC, der sich durch das geschickte Spielen auf der Klaviatur der Medien als eine Art digitaler Robin-Hood-Klan etablieren konnte; die dämonisierten »bösen Hacker« der 90er Jahre; der erneute Höhenflug einer von Hackern initiierten Industrie durch die jüngste Blüte der Linux- und Open Source-Programmierer.

Weil die Szene so viele Facetten, aber doch immer ganz konkrete Bezugspunkte besitzt, kann man von einer Hackerkultur sprechen. Was sie auszeichnet und was alle ihre Vertreter gemein haben, ist ihr besonderes Verhältnis zur Informations- und Kommunikationstechnik. Hacker bemächtigen sich dieser Technik und wenden sie zu Zwecken an, für die sie eigentlich nicht vorgesehen ist. Das Hackermotto schlechthin ist vielleicht ein Satz aus William Gibsons Roman »Neuromancer«: »The

> »Wir können Hacken durch entsprechende Gesetze zu einer Straftat machen und dadurch eine kleine Chance haben, es zu stoppen. Aber das wird die schlecht geschützten Computersysteme nicht sicherer machen, deren reine Existenz bereits unsere Privatsphäre verletzt.«
>
> Emmanuel Goldstein, Herausgeber der Hackerzeitschrift »2600«, vor einem Untersuchungsausschuss des US-Abgeordnetenhauses

Das so genannte »Datenklo« wurde vom CCC Mitte der 80er Jahre als Bausatz vertrieben und war eines der ersten erschwinglichen Modems in Deutschland.

street finds its own uses for things.« Das ist bei anderen das 20. Jahrhundert prägenden technischen Entwicklungen ohne Beispiel: Es gibt keine Chemie-Hacker, Atom-Hacker, Gen-Hacker oder Auto-Hacker. Selbst die tollsten Heckspoiler, Kotflügel und Rennfahrergurte machen aus einem Autobastler noch keinen Hacker. Er wird seinen vierrädrigen Freund nach wie vor nur nutzen, um sich fortzubewegen und um anderen zu imponieren, also vollkommen im Rahmen der vorgesehenen Zwecke eines Autos bleiben.

Hacker in der Informationsgesellschaft

Hacker haben eine intime Beziehung zu dem technischen Sektor, den viele derzeit für so prägend halten, dass der Begriff »Informationsgesellschaft« fast schon eine Zustandsbeschreibung geworden ist. Deshalb ist es wenig verwunderlich, dass Hacker in der Diskussion darüber, wie die Gesellschaft mit der Informationstechnik umgeht, ein Faktor sind. Zu einem großen Teil sind sie dies freilich unbeabsichtigt: Hacker dienen als Projektionsfläche für Ängste und als Sündenböcke dafür, dass andere (wie z. B. Firmen oder Behörden) es versäumt haben, sich angemessen auf neue Situationen der technologischen Entwicklung einzustellen.

Hacker machen Politik, auch dann, wenn es ihnen

selbst so scheint, als würden sie nur ihren technischen Interessen nachgehen. Das Internet ist dafür das beste Beispiel. Die Entwicklung des weltweiten Netzes entspricht den Wünschen, Idealen und Interessen von Hackern und ist wesentlich von ihnen geprägt worden. Das bereitet sowohl kommerziellen Unternehmen als auch Polizeibehörden bis heute Kopfschmerzen. Allerdings ist diese Form des politischen Einflusses durch die Weiterentwicklung technischer Standards vielen Hackern häufig nicht bewusst; sie verweigern sich tendenziell politischen Debatten über ihre technischen Fähigkeiten. Überhaupt sind diejenigen Hacker rar, die als selbstbewusstes politisches Subjekt auftreten. Zu den seltenen Ausnahmen gehören der deutsche Chaos Computer Club und der (inzwischen nicht mehr existierende) niederländische Hackerclub Hack-Tic.

Linke Kritik am Einsatz von Computern in den 80er Jahren

Hacker als Sündenböcke

In den letzten 15 Jahren wurde das Bild, das in der Öffentlichkeit von Hackern gezeichnet wird, immer mehr dämonisiert. Die Ausbreitung der Informations- und Kommunikationstechnik in alle Lebensbereiche und die gesellschaftlichen Verwerfungen, die damit einhergehen, haben in der Bevölkerung, bei Unternehmen und im Staatsapparat ein Unbehagen bewirkt, für das in vielen Bereichen Hacker die Folie bieten. Interessant daran, und in gewissem Sinne durchaus ein Kompliment an die Hacker, ist die Veränderung des Bedrohungsszenarios.

Mitte der 8oer Jahre dominierten in Deutschland in den kritischen Debatten und Alltagsvorstellungen zum Thema Computer Aspekte wie die Arbeitsplatzvernichtung durch den »Kollegen Computer«, im Zusammenhang mit der Volkszählung wurde vor dem drohenden Überwachungsstaat gewarnt, und die Angst vor einem durch Computerfehler versehentlich ausgelösten Atomkrieg war weit verbreitet. In diesen Szenarien waren Computer stets ein Werkzeug in der Hand großer Organisation: Staat, Industrie, Militär.

Heute hat dieser Diskurs eine vollkommen andere Note. Allenfalls die Befürchtung vor dem Missbrauch persönlicher Daten hat sich noch einen kleinen Platz in der politischen Debatte erhalten können. Ansonsten dominieren Vorstellungen von Cyberterroristen, die als Einzelkämpfer die »Informations-Infrastruktur« der industrialisierten Welt lahm legen und dies im Verein mit und organisiert durch »Bösewicht-Nationen« wie Irak, Nordkorea oder Libyen tun. Oder von Computerkriminellen, die mit der hoch technisierten Organisierten Kriminalität paktieren und eine parallele Informations-Infrastruktur aufgebaut haben, um die Geld- und Kommunikationsströme des internationalen Drogen- und Waffenhandels zu dirigieren.

:Tiger Team:
»professionelle Cracker, die die Sicherheit militärischer Computersysteme testen, indem sie es über das Netz oder über angeblich ›sichere‹ Kanäle attackieren. Einige ihrer Eskapaden würden wahrscheinlich zu den größten Hacks aller Zeiten gehören, wenn sie freigegeben würden.«
Jargon File 4.2.0

Für derartige Szenarien gibt es in der Realität kaum Belege. Selbst die Aktionen, die die größten Schlagzeilen gemacht haben, wie die Sabotageangriffe gegen große Websites im Frühjahr 2000 oder der »I love you«-Virus, haben sich, nachdem sich der Staub gelegt hat, für die betroffenen Organisationen lediglich als Störfälle in der Größenordnung einer Graffiti-Schmiererei erwiesen.

Für die Beförderung solcher Horrorszenarien in die Öffentlichkeit sorgt ein Gemengelage von Interessen, die von der möglichst dramatischen Schilderung profitieren: Für die von Sabotageakten betroffenen Organisationen bieten sie eine willkommene Möglichkeit, von den eigenen Versäumnissen abzulenken – in den meisten Fällen beruhen die Angriffe auf längst bekannten und problemlos zu behebenden technischen Schwächen. Für die Informationssicherheits-Industrie können die Angriffe ausgezeichnet für Marketingzwecke genutzt wer-

Reinhard Schritzki, Steffen Wernéry und Wau Holland (v.l.n.r.), Köpfe des Chaos Computer Clubs in den 80er Jahren

den. Die Strafverfolgungsbehörden erhalten Argumente für die Ausweitung ihrer Befugnisse. Und die Medien bekommen ihre Sensationsberichterstattung.

Natürlich sind die Hacker an diesem Bild nicht ganz unbeteiligt, vor allem diejenigen, die sich in solchen Bereichen engagieren. Dass ihnen die Macht zugeschrieben wird, einen Schalter umlegen zu können, der die Nervenstränge der Informationsgesellschaft kontrolliert, kommt der in der Szene weit verbreiteten Vorstellung, zu einer unterschätzten Elite zu gehören, durchaus entgegen. Zeitungen und TV-Sender haben darum selten Probleme, Hacker als Zeugen für diese magischen Fähigkeiten zu finden.

Hacker als Trüffelschweine

Hacker wehren sich gegen die ihnen zugeschriebene Bösartigkeit mit dem Verweis darauf, dass das »Hacken« in dem schlagzeilenträchtigen Sinne nur von sehr wenigen überhaupt betrieben wird. Von diesen Sonderfällen auf die gesamte Szene zu schließen, ist ihrer Meinung nach unzulässig. Dabei bestehen auch innerhalb der Hackerszene Differenzen darüber, wie diese »bösen« Hacker zu beurteilen seien. In den USA ist die Argumentation verbreitet, sie durch die Wahl besonderer Begriffe und Beschreibungen (»Cracker«, »Script Kiddies«) auszugrenzen. In Europa dagegen verweisen die prominenten Sprecher der Hackerszene eher auf die reinigende Funktion, die solche Aktionen erfüllen: Durch die Aktionen von Hackern, selbst wenn sie, für sich genommen, rein destruktiven Charakter haben, würden objektiv vorhandene Sicherheitslöcher aufgedeckt. Die Industrie könne froh sein, erhalte sie so doch die Gelegenheit, diese Fehler zu beseitigen.

Tatsächlich spielen Hacker, was die Computersicherheit angeht, eine viel komplexere Rolle, als es auf den ersten Blick erscheint. Sie wissen über die Angreifbarkeit von Computersystemen besser Bescheid als viele andere und schützen daher ihre eigene Kommunikation und ihre eigenen Systeme mit einer Gründlichkeit, die zuweilen schon an Paranoia grenzen kann. Verschlüsselungsprogramme wie PGP werden vor allem von der Hackergemeinde propagiert, und auch auf tiefer liegenden technischen Ebenen existieren zahlreiche Vorschläge für die Erhöhung der Daten- und Ausfallsicherheit. Solche Techniken werden aber in vielen Fällen von denselben Sicherheitsbehörden bekämpft und von denselben Unternehmen ignoriert, die andererseits Panikmache vor Hackern betreiben. Man kann sogar die These vertreten, dass die Informations-Infrastruktur sicherer wäre, wenn man auf die Ratschläge der Hacker hören würde.

Der Aspekt der Computersicherheit bringt sie zwar immer wieder in die Schlagzeilen, hat aber nur wenig mit dem Alltag der meisten Hacker zu tun. Die für diesen Bereich beschriebene Funktion von Hackern, als »Trüffelschweine der Industrie« zu wirken, wie es der CCC-Urahn Wau Holland einmal in kritischer Absicht formuliert hat, trifft deshalb in einem allgemeineren Sinne zu. Auch das Konzept des persönlichen Computers ist ein solcher Trüffel, der von der Computerindustrie in den 70er Jahren missachtet, aber von Hackern ausgegraben wurde. Das Internet ist ein solcher Trüffel, und der aktuellste ist die Open Source-Bewegung. Sie begann wie die anderen auch als scheinbar ökonomisch widersinniges Hobbyprojekt. Inzwischen erscheint sie aber als ein

»Im Untergrund der Computerszene, in Studentenzimmern, Garagen oder abgelegenen Fabriketagen hat sich ein Potential aus Saboteuren zusammengefunden, das die Sicherheit von Staaten und das reibungslose Funktionieren der Wirtschaft bedroht. Ein Aldi-PC genügt, um von Köln-Porz oder Pinneberg aus nicht nur die Online-Welt aus den Angeln zu heben.«
Der Spiegel, 15. Mai 2000

möglicher Kandidat, die gesamte Softwareindustrie aufzurollen, und stellt selbst einen unangreifbar scheinenden Giganten wie Microsoft auf die Probe.

Hacker als Opposition

Spiegelbildlich zu der Dämonisierung dienen Hacker auch in gesellschaftskritischen Debatten als Projektionsfolie. Hier stehen zwei Einschätzungen gegeneinander: Für nicht wenige Linke sind Hacker die Oppositionskraft der Zukunft. Sie entwickeln teilweise sehr romantische Vorstellungen von einem Computer-Untergrund, der sich mit seiner technischen Gerissenheit in den Datennetzen bewegt wie die Partisanen im Gebirge, unerreichbar für die nur scheinbar mächtigeren Verfolger. Vor allem das literarische Sciencefiction-Genre des »Cyberpunk« hat diesen Vorstellungen die Bilder gegeben: in den Werken von Autoren wie William Gibson (»Neuromancer«), Neal Stephenson (»Snow Crash«) oder Bruce Sterling (»Islands in the Net«) und in Kinofilmen wie »Blade Runner« (1982), »Hackers« (1995) oder »Matrix« (1999). In Cyberpunk kombiniert sich, wie der britische Soziologe Paul Taylor sagt, »das technische Wissen der Hacker mit der Anti-Establishment-Haltung des Punks«.

Gerade in den Anleihen beim Cyberpunk sehen die Vertreter der anderen Interpretation freilich das Problem. Für sie ist Cyberpunk selbst bereits kein oppositionelles Genre. Cyberpunk habe »den ›geschlechtslosen‹ Hacker in Form des männlichen Hightech-Rebellen resexualisiert« (Andrew Ross) und beruhe trotz seines gegenkulturellen Habitus bloß auf den nihilistischen Zukunftsängsten der weißen Mittelklasse. Hinzu komme, dass Hacker zwar eine Opposition innerhalb der Computerindustrie und -wissenschaft darstellen, im Übrigen aber zahlreiche dominante soziale Werte, insbesondere die Ideologie des freien Marktes, ausdrücklich unterstützen. Für den amerikanischen Kritiker Andrew Ross sind sie letztlich überhaupt keine oppositionelle Kraft: »Die Werte des männlichen weißen Outlaws ähneln oft denen des kreativen Draufgängers, der überall vom unternehmerischen Individualismus gefeiert wird.«

Das Problem dieser beiden Pole in der Diskussion ist, dass sie jeweils nur einen Teil der Hackerkultur erfassen. Gerade in der kulturellen und politischen Sphäre herrscht unter den Hackern eine solche Vielfalt, dass man für jede x-beliebige These über ihre politische und soziale Wirkung einen Beleg finden wird. Eine Bewertung ihres oppositionellen Potentials kann deshalb nur auf der Ebene ihrer gemeinsamen Leidenschaft ansetzen: der Technik.

Der von manchen Beobachtern der Szene angestellte Vergleich der Hackerkultur mit der Hexerei des Mittelalters ist in vielen Aspekten sicher irreführend, aber er weist in die richtige Richtung: Hacker verfügen über »verbotenes Wissen« über eine Schlüsseltechnologie dieser Zeit, und sie teilen dieses Wissen miteinander und mit der Gesellschaft. Sie demonstrieren damit, dass diese Technik nicht allmächtig ist, nicht zwangsläufig Herrschaft verstärkt, dass es für sie Gestaltungsmöglichkeiten gibt. Das ist ein Verdienst, das man nicht für selbstverständlich halten sollte.

The new hacker's dictionary, zusammengestellt von Eric S. Raymond, 3. Auflage, Cambridge 1996

Hacker sind eine vielfältig einzusetzende Projektionsfläche für Medien, Industrie und Sicherheitsbehörden. Ihre fundamentale Bedeutung liegt jedoch darin, dass sie sich die Informationstechnik angeeignet haben und zeigen, wie man sie für seine Zwecke einsetzen kann.

Die Hacker in der Gesellschaft

Danksagung

Dieses Buch beruht auf zahlreichen Gesprächen, Diskussionen und E-Mail-Korrespondenzen, die ich in anderen Zusammenhängen mit Hackern, WissenschaftlerInnen und KollegInnen geführt habe. Besonders ausgiebig habe ich mich mit der Geschichte der Hacker beschäftigt, als ich 1996 die ständigen Ausstellungen »Hacker – Datenreisende zu verbotenem Wissen« und »Tüftler, Freaks und Firmengründer – Die Geburt des PC« im Heinz Nixdorf MuseumsForum (HNF) kuratiert habe.

Die Ausstellung »Hacker« basierte auf einem Konzept von Jutta Kahlcke, der ich zu großem Dank für Diskussionen und Einsichten verpflichtet bin. Sie wurde von Susanne Walter (Design) und Wolfgang Grillitsch (Raumgestaltung) ins Bild gesetzt. Das HNF hat sich auch bei der Beschaffung von Bildern für dieses Buch behilflich gezeigt, wofür ich Hilmar Krieg, Alfred Wegener und Jan Braun danke.

Nicht nur für diese Ausstellung habe ich in den letzten Jahren mit den CCClern Wau Holland, Frank Rieger und Andy Müller-Maguhn über aktuelle und grundsätzliche Fragen diskutiert. Andy, Vic, Amok, Pengo und Steffen Wernéry waren sehr hilfreich bei der Erklärung des technischen Geräts des CCC. Peter Glaser danke ich für zahlreiche Gespräche.

Über E-Mail berichteten mir John Draper alias Cap'n Crunch, Mark Abene alias Phiber Optik, Ted Nelson und Lee Felsenstein ihre Sicht über einzelne Ereignisse und Phasen der Hackergeschichte.

Selbstverständlich bin ich allein für alle Fehler, Kommentare, Auslassungen und Einschätzungen verantwortlich.

Schließlich danke ich VMR für alles, umso mehr, als sie Hacker nicht ausstehen kann.

Boris Gröndahl, im Juli 2000

Literatur und Internetadressen

Sachbücher

Steven Levy: *Hackers.* Heroes of the Computer Revolution. 2. Auflage, New York 1994

Bruce Sterling: *The Hacker Crackdown.* Law and Disorder on the Electronic Frontier. New York 1992. Onlineausgabe: http://www.lysator.liu.se/etexts/hacker/

Paul A. Taylor: *Hackers.* Crime in the digital sublime. London 1999

Paul Freiberger/Michael Swaine: *Fire in the Valley.* The Making of the Personal Computer. 2. Auflage, New York 2000

Chaos Computer Club: *Chaos-CD Blue.* Hamburg 1999

Joshua Quittner/Michelle Slatalla: *Masters of Deception.* The Gang that ruled Cyberspace. London 1995

Andrew Ross: *Strange Weather.* London 1991

Clifford Stoll: *Kuckucksei.* Frankfurt/M. 1998

Katie Hafner/John Markoff: *Cyberpunk.* Outlaws and Hackers on the Computer Frontier. New York 1991

Katie Hafner/Metthew Lyon: *Arpa Kadabra oder die Geschichte des Internet.* Heidelberg 2000

Burkhard Schröder: *Tron.* Tod eines Hackers. Reinbek 1999

Jonathan Littman: *The Fugitive Game.* Online with Kevin Mitnick. Boston 1996

Nettime (Hg.): *Netzkritik.* Materialien zur Internet-Debatte. Berlin 1997

Tsutomu Shimomura/John Markoff: *Data Zone.* Die Hackerjagd im Internet. München 1997

Hans Christian Schmid/Michael Gutmann: *Dreiundzwanzig – 23 – Die Geschichte des Hackers Karl Koch.* München 1998

Denis Moschitto/Evrim Sen: *Hackerland.* Das Logbuch der Szene. Köln 1999

Belletristik

William Gibson: *Neuromancer.* München 1992

Robert Shea/Robert Anton Wilson: *Illuminatus!* Reinbek 1997

Douglas Adams: *Per Anhalter durch die Galaxis.* München 1988

Neal Stephenson: *Snow Crash.* München 1994

Bruce Sterling: *Islands in the Net.* New York 1988

Filme

Blade Runner (1982). Regie: Ridley Scott, Darsteller: Harrison Ford, Rutger Hauer.

Tron (1982). Regie: Steven Lisberger, Darsteller: Bruce Boxleitner, Jeff Bridges, David Warner

War Games (1983). Regie: John Badham, Darsteller: Matthew Broderick, Dabney Coleman

Sneakers (1992). Regie: Phil Alden Robinson, Darsteller: Robert Redford, Dan Akroyd

Hackers (1995). Regie: Iain Softley, Darsteller: Jonny Lee Miller, Angelina Jolie, Jesse Bradford

The Net (1995). Regie: Irwin Winkler, Darsteller: Sandra Bullock, Jeremy Northam, Dennis Miller

Matrix (1999). Regie: Andy Wachowski, Larry Wachowski, Darsteller: Keanu Reeves, Laurence Fishburne, Carrie-Anne Moss

Websites

Chaos Computer Club:
www.ccc.de

2600 – The Hackers Quarterly:
www.2600.com

Computer Underground Digest:
http://sun.soci.niu.edu/~cudigest/

Phrack:
http://phrack.infonexus.com

The Jargon File:
http://www.tuxedo.org/~esr/jargon/

Richard Stallmans Free Software Foundation:
www.fsf.org

Electronic Frontier Foundation:
www.eff.org

Linux-Hacker-Webzine Slashdot:
www.slashdot.org

Eric Raymonds »Kurze Geschichte des Hackens«:
http://www.tuxedo.org/~esr/faqs/hacker-hist.html

Cap'n Crunch:
http://www.webcrunchers.com/crunch/

Kevin Mitnick:
http://www.kevinmitnick.com/

Hackers' Hall of Fame des Webzines Discovery:
http://www.discovery.com/area/technology/hackers/hackers.html

Tech Model Railroad Club:
http://www.mit.edu/activities/tmrc/

Register

Ahl, David 52
Albrecht, Bob 53, 55, 58
Allen, Paul 62
Altair 8800 56, 57, 60, 62
Anonymität 20
Apple 22, 25, 35, 60, 62
AT&T 30, 50, 51

Barlow, John Perry 26, 51
Basic 55, 62
Berkeley 57, 61
Bickford, Robert 15
Bildschirmtext Btx 66, 68
Blue Box 22, 23, 26, 30, 31, 46, 48, 49, 61
Brand, Stewart 60
Bundesamt für Verfassungsschutz 74
Bundeskriminalamt 71, 73, 74

Cap'n Crunch 48, 49
CERN 27, 69
Chaos Computer Club (CCC) 11, 13, 15, 17, 19, 51, 65 – 70, 72, 74 – 77, 84, 86, 89
Community Memory 54, 59
Computer Lib 53, 59
Cracker 9, 88

Datenschleuder 64, 65
Datenschutz 20
Datenverschlüsselung 20
Datex-P-Netz 26, 27, 68
DEC 24, 35, 42, 52, 69, 71
Deutsche Bundespost 15, 17, 26, 65, 66, 76
Deutsche Telekom 17, 76, 77
Dob 72
Draper, John 48, 49
Dreyfus, Herbert 43

Electronic Frontier Foundation 51
Engressia, Joe 48
Esquire 46
Evil Empire (Reich des Bösen) 34

F., Boris 77
FBI 73
Felsenstein, Lee 6, 53, 54, 55, 58, 60
Free Software Foundation 80, 81

Gates, Bill 25, 29, 62
Gibson, William 7
GNU 80, 82
Goldstein, Emmanuel 84
Greenblatt, Richard 43

Hackerethik 10, 11, 71
Hagbard 72, 73, 74, 76
Hewlett Packard 61
Hoffman, Abbie 45
Holland, Wau 13, 64, 71, 89
Homebrew Computer Club 29, 56, 57, 59 – 63
Hopper, Grace 11

IBM 24, 34, 41, 42, 52, 63
Internet 20, 43

Jargon File 7, 8, 9, 13, 15, 34, 83
Jobs, Steve 22, 61

Kapor, Mitch 51
KGB 23, 72, 74, 75, 76
Koch, Karl 74, 76
Kriminalisierung 19, 20, 31

Levy, Steven 10, 60, 44, 61, 80
Linux 17, 24, 25, 80, 82, 84
Lovelace, Ada 11

Massachusetts Institute of Technology (MIT) 7, 11, 12, 24, 40, 42, 43, 44, 55, 80
McCarthy, John 42
Microsoft 24, 25, 29, 35, 62, 83, 89
Milhon, Jude 59
Minsky, Marvin 42
MIT-Modelleisenbahnklub 12, 30, 40, 41

Mits 56, 58, 60
Moore, Fred 59
Müller-Maguhn, Andy 76

NASA 71, 74
Nelson, Ted 53, 55, 59
Nixon, Richard 45

Open Source- Software 81

PDP 24, 35, 42, 44
Pedro 72
Pengo 72, 73, 74
People's Computer Company (PCC) 53, 58
PGP 89
Phone Phreaking 19, 30
Phone Phreaks 31, 33, 44, 47, 50, 84

Ramparts 46
Raubkopien 23
Raymond, Eric S. 81, 82
Rubin, Jerry 45

Script Kiddies 78, 88
Silicon Valley 57, 58
Social Engineering 32, 33
Stallman, Richard 25, 80
Sterling, Bruce 38, 39, 50
Stoll, Clifford 73, 75
Sun Microsystems 35

tageszeitung 64
Torvalds, Linus 80, 82
Trojanische Pferde 27, 39
Tron 77
TX-0 24, 42

Univac 41
Urmel 72, 73, 74

Viren 79

Warez 79
Wernéry, Steffen 67, 71
Wozniak, Stephen 22, 61

Yippies 19, 45, 46, 52

2600 19

Programm 2000

Jost Müller: **Sozialismus**
Martin Büsser: **Popmusik**
Henning Schmidt-Semisch / Frank Nolte: **Drogen**
Mark Terkessidis: **Migranten**
Katja Leyrer: **Sexualität**
Ralf Strobach: **EXPO 2000**
Boris Gröndahl: **Hacker**
Sabine Riewenherm: **Gentechnologie**
Otto Diederichs: **Polizei**
Vanessa Redak / Beat Weber: **Börse**
Martin Krauß: **Doping**
Thomas Seibert: **Existenzialismus**

Bildnachweise:

S. 7, 8, 14, 19, 20, 23, 30, 35, 36, 41, 46, 49, 50, 53, 58, 63, 69, 73, 85, 88 HNF Archiv; S. 32, 64, 67, 70, 86, 87 Chaos-CD Blue; S. 57 Intel; S. 61 Apple; sowie Bilder aus dem Archiv des Autors und des Herausgebers.

Leider konnten nicht immer die Fotografen/Rechteinhaber ermittelt werden.
In diesen Fällen sind Autor und Verlag dankbar für Hinweise.
Berechtigte Ansprüche werden im Rahmen des Üblichen abgegolten.

Die Deutsche Bibliothek – CIP-Einheitsaufnahme

Ein Titeldatensatz für diese Publikation ist bei
Der Deutschen Bibliothek erhältlich

© Europäische Verlagsanstalt/Rotbuch Verlag, Hamburg 2000
Umschlag- und Reihengestaltung: +malsy, Bremen
Herstellung: Das Herstellungsbüro, Hamburg
Druck und Bindung: Fuldaer Verlagsagentur
Alle Rechte vorbehalten
Printed in Germany
ISBN 3-434-53506-3

Informationen zu unseren Verlagsprogrammen
finden Sie im Internet unter www.rotbuch.de bzw.
www.europaeische-verlagsanstalt.de